# EL ARTE DE COMPRAR TU CASA PROPIA

*Estrategias Brillantes para la compra triunfal de tu vivienda.*

SANDY FLORES BROKER

El arte de comprar tu casa propia.



ISBN: 979-8-218-97199-1

# ADVERTENCIA

Este libro pone a su disposición información pública únicamente como herramienta de apoyo. Toda la información, guías, y formas disponibles de ayuda presentadas en este material se pueden considerar solamente como puntos de referencias y ejemplos prácticos con el propósito de simplificar el proceso de la compra de una vivienda, evitar obstáculos y lograr experiencia exitosa.

Este material NO es, ni representa un sustituto para el asesoramiento legal, de impuestos o crédito. Asesoramiento legal debe obtenerse de un abogado independiente, o contador en la jurisdicción pertinente.

Mi intención es el de abrir más puertas de apoyo a través de la información para todos aquellos que desean materializar el sueño de la casa propia. Cualquier referencia presentada no constituye, ni implica respaldo, recomendación o preferencia del autor. Así también los enfoques y opiniones expresadas no reflejan necesariamente las opiniones de otras entidades comerciales, estatales y/o federales.

Toda la información de este material es considerada confiable pero no garantizada. Me he esforzado en mantener la más correcta y actualizada información. Sin embargo, los programas, requisitos y leyes cambian frecuentemente. Por eso le recomendamos si desea que busque asesoría de un consejero aprobado por HUD que también puede asistirlo.

# RECONOCIMIENTO

Quisiera expresar mi profundo agradecimiento, primero a Dios, por infundirme la idea, la inspiración y la perseverancia que me llevaron a alcanzar este logro extraordinario.

A mis amados padres, Luis y Doris, les agradezco por impartirme valores y principios que han sido un legado invaluable en mi vida.

A mi esposo, Jesús, mi compañero y fuente de fortaleza, le debo un agradecimiento especial por su colaboración incansable en este empeño y en todos mis sueños.

Extiendo mi agradecimiento a toda mi familia, tanto a la ya existente como a la nueva que he ido construyendo. Cada propietario de casa de los últimos 28 años ha contribuido a este éxito, y a los futuros compradores, les agradezco por confiar en mis habilidades.

Mi reconocimiento sincero a los profesionales que han sido mi fuente de inspiración y apoyo profesional a lo largo de este proceso, Liliana García, Gabriela Teissier, Francisco Ugalde, El Gordo y La Flaca, María Hurtado, David Valadez, Melisa Cortez, Dina Rodríguez, Evelyn Palma, Cecilia Bogran, Susana Meza, Millie Delgado, Andrea González. Su apoyo ha sido esencial para dar forma a este logro.

Para concluir, quiero destacar que la manera en que abordamos las adversidades determina nuestro camino en la vida. Con gratitud y optimismo, enfrentamos los retos de manera directa, emergiendo victoriosos en nuestro viaje colectivo.

¡Que este logro inspire a todos a perseguir sus sueños con determinación y fe!

# ACERCA DEL AUTOR

Sandy Flores es una figura icónica con más de 28 años de experiencia en la industria inmobiliaria. Desde sus humildes comienzos, hasta alcanzar la destacada posición de bróker de bienes raíces; esta es la historia de una mujer que ha dejado una marca imborrable.

Nacida en Perú, Sandy emigró a los Estados Unidos en 1986. Posee una sólida formación educativa y experiencia en la enseñanza. Esta etapa temprana en su trayectoria no solo le proporcionó habilidades pedagógicas excepcionales, sino que también la dotó de una profunda comprensión de las necesidades y aspiraciones de las personas.

Su entrada al mundo inmobiliario marcó un giro significativo en su carrera; fue el resultado de una combinación extraordinaria de destrezas, profunda comprensión de las relaciones humanas y el deseo de facilitar el logro de sueños residenciales.

No nos limitamos solo a sus logros profesionales; también exploramos detalles personales que ilustran cómo su conexión emocional con sus clientes trasciende los límites de una

Cada esfuerzo no solo ha representado un logro personal, sino que también ha contribuido de manera significativa a hacer realidad los sueños residenciales de quienes confían en sus habilidades, su ética laboral y su compromiso con la excelencia

A lo largo de su trayectoria, Sandy ha aportado en diversos medios de comunicación, desde la redacción de artículos en La Opinión y El Excelsior, hasta su activa participación en programas de televisión y radio como Univisión Los Ángeles KMEX-34, El Gordo y La Flaca, Posible Radio KTNQ-1020.

Estos momentos sobresalientes no solo evidencian su compromiso con la educación en el ámbito inmobiliario, sino que también reflejan su dedicación continua a compartir conocimientos y orientar a la audiencia.

# PREFACIO

En el año 2007, la economía estadounidense se sumergió en una de las mayores crisis hipotecarias, generando pánico y confusión financiera a nivel mundial.

Los eventos que llevaron a la burbuja hipotecaria aún resuenan. Aunque el panorama ha evolucionado desde entonces, sus lecciones siguen siendo cruciales.

## ¿CÓMO NAVEGAMOS EN ESTE TERRITORIO CAMBIANTE?

Si bien, los eventos históricos nunca se repiten exactamente, los patrones y las tendencias que vemos en la historia a menudo se reproducen de manera similar en el futuro.

Las decisiones políticas, las variaciones económicas y los eventos globales impredecibles pueden ejercer un impacto considerable en los mercados financieros, volviendo desafiante la tarea de anticipar su comportamiento. Aunque la historia no se repite de manera idéntica, suele rimar.

Por eso es esencial que como comprador se informe e investigue las tendencias y cómo detectar las señales que la economía, y especialmente el mercado de bienes raíces, está reflejando para minimizar los riesgos en su inversión.

Este contexto, que marcó una década, sirve como telón de fondo para entender la importancia de la historia que se desarrolla a continuación.

# INTRODUCCIÓN

*» Nuestra casa es el reflejo tangible de nuestros sueños, el epicentro de nuestras alegrías y el santuario de nuestras esperanzas.»*

Las primeras luces del amanecer se filtraban tímidamente a través de las cortinas de mi habitación. En ese momento, en la tranquilidad de la mañana, me di cuenta de que algo había cambiado dentro de mí. Un sueño que había estado dormido durante mucho tiempo había despertado, y ya no podía ignorarlo ni tampoco continuar aplazándolo.

Hoy era el día en el que emprendería un emocionante viaje hacia la compra de mi casa propia. Después de años mudándome de un lugar a otro, cada nuevo alquiler era como un lienzo en blanco, un recordatorio constante de que no estaba construyendo nada para mi futuro, sino el de otros. Siempre había una fecha de vencimiento, un contrato que terminaba y una mudanza en el horizonte.

Había pasado noches enteras explorando listados de propiedades en línea y soñando con espacios que podría personalizar a mi gusto. Pero, hasta ese entonces, nunca había dado el paso decisivo para convertir mi sueño en realidad.

Hoy, decidí que todo eso cambiaría. Sabía que el proceso de comprar una casa era un viaje complejo y desafiante, pero estaba listo para enfrentarlo. Esta historia marcaría el comienzo de un viaje que cambiaría mi vida de maneras que nunca habría imaginado.

Esta es la historia de la familia Delgado, pero también es la historia de muchos que han soñado con tener su propia casa, un lugar donde puedan construir recuerdos, crear raíces y experimentar la verdadera sensación de estabilidad financiera, y la certeza de que están empezando a crear su patrimonio personal y familiar.

En el transcurso de nuestras vidas, las decisiones que tomamos tienen el potencial de transformar nuestros destinos. Sin embargo, pocas decisiones son tan trascendentales como la elección de comprar nuestra casa.

A medida que avances en este proceso, adquirirás lecciones significativas y descubrirás que adquirir una casa no es solo una transacción, sino un viaje que dejará una huella profunda en tu vida de manera positiva.

## ¿ESTÁS LISTO PARA COMENZAR ESTE VIAJE CONMIGO?

Acompáñame mientras exploramos el apasionante mundo de la compra de propiedades y descubrimos la casa de tus sueños.

Te extiendo una invitación especial para formar parte de este fascinante viaje que te acercará a la realización de comprar la casa que siempre has soñado. Este camino hacia la compra de tu casa no carece de obstáculos, pero la preparación es la clave del éxito.

El proceso de compra de una vivienda implica una serie de decisiones críticas. Desde elegir el momento adecuado para comprar hasta planificar estrategias de inversión, se requiere tomar decisiones acertadas y fundamentadas.

¿Qué hace que una casa sea el lugar perfecto para ti?

¿Cómo puedes asegurarte de que estás tomando la decisión correcta?

¿Por qué es tan importante prepararse antes de dar el paso para la compra de tu vivienda?

Cada capítulo de este libro está diseñado para brindarte las herramientas necesarias que te ayuden a tomar decisiones informadas y a encontrar una casa que no solo se adapte a tus necesidades actuales, sino que también te permita crecer y evolucionar en el futuro.

Prepárate para descubrir cómo encontrar la casa de tus sueños y cómo convertirla en el escenario donde tu vida se desplegará en todas sus gloriosas dimensiones.

Tu viaje comienza aquí, y el destino es el hogar que has imaginado. ¡Bienvenido a la emocionante aventura de encontrar tu espacio propio en el mundo!

# TABLA DE CONTENIDO

# CAPÍTULO I: **EL IMPACTO DEL MERCADO INMOBILIARIO EN LA ECONOMIA**

*El sector inmobiliario es un motor de posibilidades en la economia, impulsa oportunidades, desarrollo economico, y fortalece la estabilidad financiera.*

Este mercado no es simplemente un conjunto de ladrillos y transacciones; es un vibrante ecosistema donde cada elección cuenta, y donde cada decisión resuena en lo más profundo de nuestras emociones.

Imagina este viaje como una travesía apasionante a través del mercado inmobiliario, donde cada ola representa una oportunidad y cada corriente nos brinda valiosas lecciones. No solo te proporcionaré herramientas; te ofrezco una brújula para navegar con destreza hacia la orilla de tu casa anhelada.

El mercado inmobiliario es un sector fundamental en la economía de cualquier país, ya que engloba todas las actividades relacionadas con la compraventa, alquiler y gestión de bienes raíces; tales como casas, apartamentos, terrenos y locales comerciales. Su funcionamiento y evolución tienen un impacto significativo en la economía en general, afectando tanto a los propietarios de viviendas como a los inquilinos.

## A DIFERENCIA DE OTROS TIPOS DE INVERSIONES

Como acciones o bonos, el mercado inmobiliario tiende a ser menos volátil. Esto significa que, en general, el valor de la propiedad se mantiene estable e incluso puede aumentar con el tiempo. Esto proporciona una mayor tranquilidad a los dueños de casas y renteros, ya que están respaldados por un activo tangible.

Sin embargo, es importante tener en cuenta que la compra de vivienda como inversión requiere de un análisis cuidadoso y una planificación adecuada. Es fundamental evaluar el mercado inmobiliario, considerar la ubicación, la demanda y el potencial de crecimiento. Asimismo, es necesario contar con un presupuesto adecuado y tener en cuenta los costos adicionales asociados con la propiedad, como el mantenimiento y los impuestos.

## EN EL COMPETITIVO MUNDO DEL MERCADO INMOBILIARIO

Es crucial estar al tanto de las estrategias que pueden ayudar a aumentar el valor de nuestra propiedad. Ya sea que seamos dueños de una casa o renteros, es importante entender cómo el mercado inmobiliario puede influir en nuestra economía personal y cómo podemos sacar provecho de ello.

El mercado inmobiliario no es solo un componente económico; es un participante activo en el mercado financiero donde se negocian y otorgan préstamos hipotecarios. Estos préstamos respaldados por la propiedad misma son más que transacciones financieras; son acuerdos que establecen un vínculo entre el sueño de tener nuestra casa y su realidad.

## LA TECNOLOGÍA HA REVOLUCIONADO

En todos los aspectos de nuestras vidas, incluido el mercado inmobiliario, los avances tecnológicos han traído consigo una serie de cambios significativos en la forma en que compramos, vendemos y alquilamos propiedades.

Este impacto se ha vuelto especialmente relevante para los dueños de casas y renteros, quienes deben estar al tanto de las nuevas tendencias y adaptarse a ellas para obtener el máximo beneficio económico.

La tecnología también ha facilitado el proceso de negociación y transacción de propiedades. La posibilidad de firmar contratos de forma electrónica y realizar pagos en línea ha agilizado considerablemente estos procesos, eliminando la necesidad de reuniones presenciales y trámites engorrosos.

Además, el uso de realidad y visitas virtuales ha permitido a los interesados tener una experiencia casi real de la propiedad sin necesidad de visitarla físicamente, lo que ahorra tiempo y recursos tanto para los dueños como para los renteros.

Por otro lado, nos ha permitido una mayor transparencia en el mercado inmobiliario. Plataformas en línea ofrecen información detallada sobre el historial de precios de propiedades en determinadas áreas, lo que facilita la toma de decisiones informadas. El uso de inteligencia artificial también ha permitido a los agentes inmobiliarios y analistas predecir tendencias y pronosticar cambios en el mercado, lo que resulta de gran valor para aquellos involucrados en el sector.

Desde la construcción hasta la banca, desde el empleo hasta la inversión, la salud del mercado inmobiliario está intrínsecamente asociada a nuestro bienestar económico general.

Este emocionante viaje demanda decisiones inteligentes, constituyendo un elemento fundamental para alcanzar el éxito financiero. Para comprender este mercado, es necesario sumergirse en sus tendencias actuales, explorar cada rincón y ángulo con la esperanza de descubrir nuevas oportunidades.

## UN MERCADO SALUDABLE NO SOLO CREA OPORTUNIDADES DE VIVIENDA

Sino que también atrae talento, impulsando la innovación y el crecimiento económico. Los cambios demográficos, como el envejecimiento de la población y el auge de la generación del milenio, están dando forma a la demanda de propiedades y definiendo cómo los propietarios se adaptan a estas nuevas tendencias. Es crucial comprender que el mercado hipotecario está sujeto a cambios debido a factores económicos y financieros.

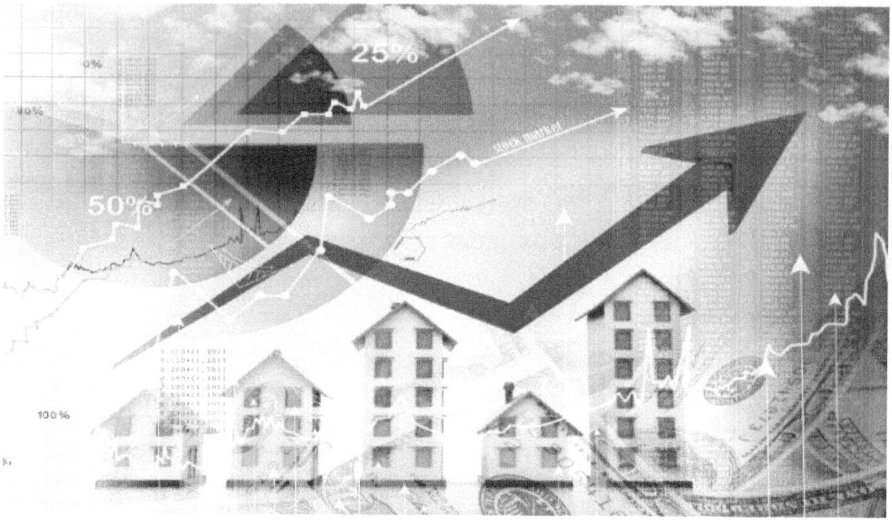


Familiarizarnos con este mercado es esencial si planeamos comprar una casa, refinanciar una hipoteca o simplemente estar informados sobre las tendencias económicas y financieras.

La ejecución de proyectos inmobiliarios, ya sean residenciales, comerciales o industriales, no solo atiende la demanda de espacios habitables, sino que también desencadena un efecto multiplicador en diversas industrias. La construcción y la arquitectura no se limitan a la creación de edificios; representan la generación de empleo, el crecimiento económico y el bienestar general.

## EL MERCADO INMOBILIARIO NO ES HOMOGÉNEO

Su esencia varía en diferentes áreas geográficas. Un análisis detallado nos brindará una comprensión profunda de su importancia en la economía y cómo las tendencias actuales pueden diferir según la ubicación, ya que actúan como indicadores de un entorno saludable o posibles debilidades económicas.

Invertir en bienes raíces, ya sea como inversión u hogar, va más allá de asegurar un techo; implica dar forma a tu patrimonio, proporcionar seguridad financiera a largo plazo y ofrecer oportunidades de crecimiento económico personal.

La decisión de comprar, vender o invertir en bienes raíces debe alinearse no solo con las tendencias del mercado, sino también con objetivos financieros personales.

Este tipo de inversiones, marcan el inicio de una red interconectada de actividades económicas que abarcan desde la construcción y la infraestructura hasta la tecnología y los servicios.

## EXPLORAR EL MERCADO INMOBILIARIO

No se trata simplemente de adquirir un activo también implica la toma de decisiones financieras estratégicas que tendrán un impacto significativo en tu estabilidad económica.

Es fundamental tener en cuenta que tanto las leyes federales como estatales prohíben la discriminación en la compra, venta o alquiler de bienes raíces en función de la raza, el color, la religión, la discapacidad, el estado familiar o el origen nacional. Asimismo, se prohíbe la discriminación basada en la ascendencia o la situación militar.

Las leyes de vivienda digna te amparan contra la discriminación en las ofertas, exhibiciones, ventas y alquileres de casas, departamentos, condominios y cooperativas. Cualquier individuo que sienta haber sido objeto de discriminación debe ponerse en contacto con el Departamento de Vivienda y Desarrollo Urbano (HUD, por sus siglas en inglés).

A medida que avanzamos en este viaje de exploración, recordemos que nuestras decisiones en el mercado inmobiliario no solo dan forma a nuestras metas, sino también a la economía que compartimos. En este apasionante viaje a través del mercado inmobiliario, hemos explorado sus complejidades y su profundo impacto en la economía. Desde comprender que va más allá de simples transacciones de propiedades hasta reconocer su papel como fuerza impulsora económica, cada sección nos ha brindado valiosas lecciones.

En resumen, explorar el mercado inmobiliario va más allá de la búsqueda de propiedades; es una travesía hacia la comprensión económica y la toma de decisiones sabias. Concluimos este episodio con la certeza de que estamos equipados no solo para navegar el mercado inmobiliario, sino también para tomar decisiones estratégicas que impacten positivamente nuestras vidas y comunidades.

El próximo capítulo te invita a explorar aún más, acercándote a convertir tus sueños en realidad. Que este cierre sea el inicio de una emocionante travesía hacia tu casa propia.

# CAPÍTULO II: EXPLORANDO EL MERCADO HIPOTECARIO

*Descubre cómo cada decisión estratégica es un paso crucial hacia el éxito en el mercado inmobiliario.*

Este capítulo no busca simplemente definir el mercado inmobiliario, sino desentrañar sus misterios, ofreciendo un enfoque profundo de sus dinámicas. Desde las pulsaciones locales hasta los latidos nacionales, nos sumergiremos en las aguas cambiantes de este océano inmobiliario equipándote con estrategias para navegar con éxito.

Definir tus necesidades es el timón que dirigirá tu búsqueda hacia la adquisición de tu hogar perfecto. En este capítulo, desglosaremos el proceso de información y descubrimiento que te permitirá identificar no solo lo que deseas, sino también lo que realmente necesitas en la búsqueda de tu casa propia.

Exploremos juntos el mercado inmobiliario para perfeccionar tu habilidad de reconocer e interpretar las señales que se nos presentan.

La compra de una casa implica una evaluación exhaustiva de tu situación financiera, tus metas personales, tus necesidades de vivienda y tu estilo de vida. Así como perfeccionar tu habilidad de reconocer e interpretar las señales que se te presentan. En los últimos años, el mercado de viviendas en

Estados Unidos ha sido una auténtica locura.

Si has estado al tanto de las noticias del mercado inmobiliario, sabrás que es difícil hacer una previsión exacta del mercado de la vivienda. No obstante, propietarios de viviendas, compradores, vendedores, caseros, inversionistas, agentes y demás siguen centrándose en este mercado. La importancia de la planificación a largo plazo va a ser impactada positivamente en base a tus decisiones actuales.

## EMPECEMOS POR LO MÁS BÁSICO

El mercado inmobiliario es el conjunto total de viviendas que están a la venta en un momento dado. Este mercado mejora o decae en función de factores locales y nacionales como el clima social, la situación geográfica, el estado de la economía y otros.

Es aconsejable examinar las tendencias del mercado nacional antes de empezar a analizar las tendencias locales o regionales para que puedas realizar predicciones más precisas sobre el mercado inmobiliario y obtener mejores resultados en tus proyectos de bienes raíces.

## CUANDO HABLAMOS DEL SECTOR INMOBILIARIO

Nos adentramos en un ámbito laboral que abarca una amplia gama de facetas, tanto en términos de producción como de comercialización. Este sector engloba todas las actividades relacionadas con bienes inmuebles, ya sea en tierra firme, en la construcción de edificaciones, en el desarrollo de complejos industriales, o incluso en la gestión de derechos subterráneos.

Una operación inmobiliaria está sujeta a reglamentos nacionales, regionales y municipales, que se verán afectados por el mercado nacional, pero, sobre todo, por la situación específica de la zona en la que se encuentre la propiedad.

Además, es necesario realizar un análisis de las circunstancias legales de la propiedad, del propietario o del comprador, así como considerar la complejidad inherente al proceso de comercialización.

Esta diversidad nos lleva a distinguir clasificaciones de empresas que desempeñan un papel fundamental en la producción y comercialización de bienes e inmuebles como son:

**Promotora:** Empresa dueña del terreno y, muy probablemente, del proyecto arquitectónico. Asume el riesgo económico y lidera el desarrollo urbanístico.

**Constructora:** Empresa encargada de la ejecución de la obra. Puede ser interna o independiente, generando empleo y dependiendo fuertemente del estado del mercado.

**Comercializadora de la obra**: Está integrada con la promotora, pero también puede involucrar a agencias inmobiliarias consolidadas.

**Agencias de bienes raíces o inmobiliarias:** Se centran en la compraventa de propiedades de terceros. Estas agencias son expertas en el mercado en su amplitud.

## CATEGORÍAS ESENCIALES DENTRO DEL MERCADO HIPOTECARIO

**Residenciales:** Incluyen una amplia variedad, desde casas nuevas hasta propiedades de segunda mano, condominios, casas manufacturadas unidas al terreno, multifamiliares de 1 a 4 unidades, casas rurales, entre otros.

**Comerciales:** Se refieren a propiedades utilizadas con fines comerciales, como edificios de oficinas, locales, centros comerciales y multifamiliares de 5 unidades o más.

**Industriales:** Incluyen edificios e instalaciones industriales, como almacenes, destinados a investigación, producción o distribución de productos.

**Terrenos:** Envuelven terrenos baldíos, agrícolas y fincas, destacando la diversidad del espectro inmobiliario.

Cada contrato está sujeto a regulaciones y circunstancias únicas, desde lo nacional hasta lo local. Este capítulo nos invita a explorar más allá de las transacciones, adentrándonos en el corazón de un mercado que, literalmente, construye hogares y transforma vidas.

## EL MERCADO INMOBILIARIO

Como cualquier otro sector, se rige por la oferta y la demanda, ajustándose en busca del equilibrio. Aunque esta descripción parece simple en teoría, la realidad es compleja y se ve influenciada por factores económicos, sociales y políticos.

## LA OFERTA Y LA DEMANDA AFECTAN A LA ECONOMÍA

De libre mercado más que ningún otro factor. Si la oferta es mayor que la demanda, los precios bajan. En este caso, las empresas pueden tener dificultades para vender sus mercancías y servicios obteniendo beneficios.

En el caso inverso, si la oferta no cubre la demanda, los precios suben y los consumidores pueden tener dificultades para pagar el producto deseado. Existe una relación directa entre la oferta y la demanda, ya que la oferta tiende a aumentar cuando la demanda es elevada. Sin embargo, la realidad es que el exceso de oferta y demanda se van turnando continuamente.

# EN EL CONTEXTO SOCIAL, GEOGRÁFICO Y ECONÓMICO

Influye de manera significativa en la oferta y demanda de viviendas. Estas fuerzas, en constante interacción, moldean este sector, impactando precios, disponibilidad y la salud general del mercado.

Una visión holística te guiará hacia una propiedad que se ajuste a tus necesidades presentes y futuras. Un mercado hipotecario puede denominarse «acelerado» cuando las tasas de interés son bajas y la demanda de viviendas es alta, lo que lleva a un aumento en la actividad de compra y venta de propiedades.

Por otro lado, un mercado hipotecario puede considerarse «desacelerado» cuando las tasas de interés son altas o cuando la demanda de viviendas disminuye, lo que puede resultar en una reducción de la actividad del mercado hipotecario.

Estos términos se utilizan para describir la velocidad o el ritmo de la actividad en el mercado hipotecario en relación con las tasas de interés y la demanda de viviendas.

Un mercado en el que no hay inventario de casas y los intereses hipotecarios son altos se podría describir como un «mercado de viviendas con escasez de oferta y tasas de interés elevadas».

# LA BAJA DISPONIBILIDAD DE VIVIENDAS

Y los costos financieros más altos pueden tener un impacto significativo en la dinámica del mercado inmobiliario. En este tipo de mercado, la demanda de viviendas supera con creces la oferta disponible, lo que puede resultar en una competencia feroz entre los compradores y, a menudo, en un aumento de los precios de las viviendas.

En situaciones de escasez de oferta y alta demanda, los compradores pueden encontrarse compitiendo por las mismas propiedades, lo que ejerce presión al alza sobre los precios.

Las altas tasas de intereses hipotecarios pueden hacer que los costos de financiamiento sean más altos para los compradores, complicando aún más la situación. Este tipo de mercado puede ser desafiante tanto para los compradores como para los vendedores.

El sector inmobiliario va más allá de ser un simple recuento de propiedades en venta; es un organismo dinámico que responde a fuerzas que van desde lo micro local hasta lo macro nacional.

Este análisis estratégico se revela como la clave para obtener resultados exitosos en proyectos inmobiliarios, proporcionando una representación profunda que te guiará a tomar decisiones informadas y proyectará el camino hacia tu éxito en bienes raíces.

Recuerda que cada movimiento estratégico es esencial. Prepárate para las sorpresas que aguardan en el próximo capítulo, donde cada decisión te acerca más a la victoria en tu viaje hacia la casa de tus sueños. ¡El misterio y la emoción continúan en cada página de tu historia inmobiliaria!

# CAPÍTULO III: TU CRÉDITO: TU MEJOR ALIADO

*El historial crediticio es el espejo que refleja nuestra responsabilidad financiera y solidez económica.*

En el capítulo anterior nos sumergimos en las complejidades del mercado inmobiliario, explorando las facetas que van más allá de simples transacciones.

Ahora, extendemos nuestro viaje para adentrarnos en el fascinante mundo del crédito y el historial crediticio, dos elementos que entrelazan nuestra vida financiera de manera intrincada. Analizando sus profundidades, explorando cómo cada transacción, cada pago puntual y cada decisión financiera se conectan para formar el tapiz de nuestro historial.

El crédito es un instrumento financiero con valor monetario que una empresa o persona entrega a otra, mediante un convenio formal o implícito, en donde el receptor se compromete a devolverlo con una tasa de interés en un plazo estipulado.

Aquí hago referencia a transacciones donde una parte, el prestamista, facilita fondos, bienes o servicios a otra parte llamada prestatario, con la expectativa de que estos serán reembolsados en el futuro. Esta operación suele implicar el pago de intereses como compensación por el uso del dinero o el valor de los bienes o servicios. Obtener un crédito sirve como referencia comercial en el futuro y forma parte del historial crediticio de los deudores, gestionado en las Centrales de Información Crediticia.

Es vital que entiendas cómo funciona el crédito y su importancia, ya que el crédito es una herramienta muy útil para aumentar tu poder adquisitivo y ayudarte a lograr tus metas financieras.

Usar el financiamiento correctamente te permite establecer un buen historial y puntaje de crédito, y esto es la llave para acceder a créditos más grandes como el hipotecario.

Además, ser un buen administrador de tus créditos te permite conseguir mejores condiciones, términos y tasas de interés preferenciales. Cada elección financiera, pequeña o grande, se entrelaza en esta narrativa, afectando nuestras posibilidades futuras.

## LA CONFIANZA EN EL CRÉDITO

Se basa en la evaluación del riesgo por parte del prestamista. Elementos como el historial crediticio, la capacidad de ingresos y otros factores financieros se tienen en cuenta para determinar la probabilidad de que el prestatario cumpla con sus obligaciones de pago.

El buen crédito facilita la compra de viviendas, estimulando el sector inmobiliario. El crecimiento del mercado inmobiliario tiene un impacto positivo en diversas industrias relacionadas, como la construcción y los servicios inmobiliarios. El crédito bien gestionado estimula la inversión y el consumo, lo que contribuye al crecimiento del Producto Interno Bruto (PIB) de un país, que es el motor de la economía.

Es importante destacar que, si bien el crédito puede tener impactos positivos, su gestión responsable es fundamental para evitar crisis financieras. Un endeudamiento excesivo o prácticas financieras riesgosas pueden tener consecuencias negativas a largo plazo. Por lo tanto, un equilibrio adecuado y una supervisión eficaz son esenciales para maximizar los beneficios del crédito en forma personal y en la economía de un país.

# LAS PRINCIPALES AGENCIAS DE INFORMES CREDITICIOS

## Equifax, Experian, and TransUnion

Determinan los informes basando sus evaluaciones en un porcentaje que es calculado usando una ecuación matemática conocida como modelo de puntaje de crédito. Incluye en tu reporte de crédito tu historial de pagos, tipo de cuentas que tienes y otros más. Los dos modelos de puntuación más comunes son FICO® y VantageScore®.

Los puntajes de crédito generalmente van de 300 a 850 y pueden cambiar mensualmente, ya sea para bien o para mal, según tus acciones financieras.

Las compañías evalúan este número para decidir si ofrecerte una hipoteca, tarjetas de crédito, un préstamo para un automóvil u otros productos crediticios.

Es importante considerar que pudieses tener diferentes puntajes de crédito según el modelo de puntaje utilizado, los datos utilizados para calcularlo e incluso el día en que se calculó.

En la otorgación de los créditos hipotecarios, hay factores que pueden variar con el tiempo, y actualmente, muchas compañías evalúan el puntaje FICO® como un factor clave para aprobar un préstamo hipotecario.

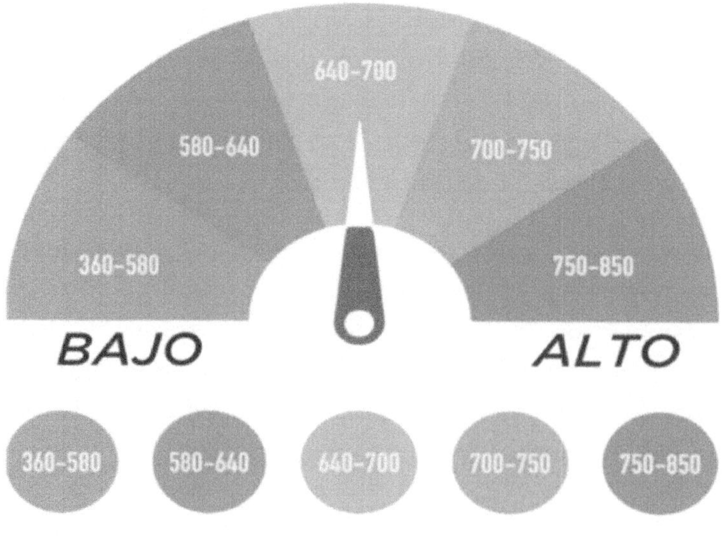

Proteger tu crédito no es solo una tarea, es una inversión en tu capacidad de abrir puertas a futuras oportunidades.

Por lo general, todas las personas tienen un historial crediticio, incluso si nunca han solicitado una tarjeta de crédito o un préstamo.

El informe incluye tu historial de pagos en préstamos y cuentas financieras, así como el estado de tus cuentas de crédito.

Las agencias de crédito recopilan y mantienen información sobre tu historial crediticio, y los prestamistas suelen consultar estos informes al tomar decisiones sobre otorgar crédito o no.

## EN UN INFORME DE CRÉDITO

Se encuentran detalles importantes que proporcionan una visión completa de tu historial, en los que se incluyen:

**Historial de pagos:**

Muestra el registro de tus pagos puntuales y atrasos en tus cuentas crediticias.

**Historial de crédito:**

Indica el monto, el total y los diferentes tipos de cuentas que están abiertas, como tarjetas de crédito, préstamos hipotecarios, entre otros.

**Tasa de utilización de crédito**:

Refleja el nivel de crédito disponible para ti y la cantidad que estás utilizando actualmente. Un bajo porcentaje es generalmente considerado positivo.

**Frecuencia de solicitudes de crédito:**

Indica el número de cuentas nuevas que has solicitado. Demasiadas solicitudes en un corto período afectan negativamente tu puntaje de crédito.

**Antigüedad de tus cuentas:**

Muestra cuánto tiempo has tenido cuentas de crédito abiertas. Una antigüedad más larga generalmente es vista de manera favorable.

El modo en que has manejado tu dinero y tus facturas en el pasado influye en la decisión de los prestamistas para hacer negocios contigo. Tu historial de crédito también afecta la tasa de interés que te aplicarán. Siempre que pagues tus facturas a tiempo y evites endeudarte más de lo que puedes pagar, los prestamistas confiarán más en tenerte como cliente.

Por otro lado, si te atrasas en los pagos o acumulas deudas que exceden tu capacidad de pago, los prestamistas pueden mostrar desconfianza, y te ofrecerán tasas de interés más altas o incluso hasta negarte el crédito.

Cada una de las agencias de informes crediticios utilizan datos similares para determinar las calificaciones y, a través de un programa estadístico, las compañías entonces comparan esta información con el comportamiento de crédito de otras personas con perfiles similares.

En base a esa comparación, el programa estadístico te asigna un puntaje. Es importante destacar que no debes cerrar todas tus cuentas, ya que tu puntaje toma en cuenta la duración de tu historial de crédito además del tiempo que has tenido tus diferentes cuentas. Un historial de crédito más largo se traduce en un puntaje más alto. Cerrar cuentas de tarjetas de crédito antiguas puede disminuir el tiempo promedio de tus cuentas.

Dado que tu informe de crédito afecta tus posibilidades de obtener un préstamo, empleo, apartamento y más, te conviene asegurarte de que no haya ningún error y que nadie haya estado utilizando indebidamente tu información personal.

Monitorea tu informe de crédito solicitándolo gratuitamente y revísalo para asegurarte de que no haya ningún problema o error. Tú tienes derecho a obtener una copia gratuita de tu informe de crédito anualmente por parte de las tres principales compañías de informes crediticios. Es recomendable escalonar las solicitudes a lo largo de un período de 12 meses para verificar que tus informes se mantengan con la información correcta.

**La mejor manera de obtener tu informe de crédito es:**

**Visitando: http://www.annualcreditreport.com/**
**Annual Credit Report 1-877-322-8228.**
**Por Correo: Annual Credit Report Request Service,**
**P.O. Box 105281, Atlanta, GA 30348-5281.**

Si encuentras algún dato en tu informe de crédito que no debería estar allí, toma medidas para corregirlo, ya que afectará tu poder de compra y tus posibilidades de conseguir empleo, alquilar o comprar una vivienda.

Las compañías de informes crediticios venden la información de tu informe a negocios que la utilizan para decidir si te prestarán dinero, extenderán crédito, ofrecerán seguro o te alquilarán una vivienda. Algunos empleadores utilizan los informes de crédito para tomar decisiones de contratación.

## Algunos de los errores más comunes en los informes de crédito son:

### Información personal incorrecta:

Nombre mal escrito, dirección incorrecta o información personal de otro individuo.

### Errores en las cuentas y saldos:

Inclusión de cuentas cerradas como activas, saldos incorrectos o información de cuentas duplicadas.

**Historial de pagos incorrecto:**

Registros inexactos de pagos atrasados, cuentas en colecciones que no deberían estar o pagos informados como atrasados cuando no lo están.

**Inclusión de cuentas fraudulentas**:

Apertura de cuentas fraudulentas a nombre del consumidor, lo cual puede ser un indicio de robo de identidad.

**Inclusión de información desactualizada:**

Información que ya debería haber sido eliminada según las regulaciones de informes de crédito.

**Errores en consultas de crédito:**

Inclusión de consultas no autorizadas o incorrectas en el historial de consultas.

Tú puedes disputar errores directamente con las compañías de informes crediticios que han reportado esa información, enviando una carta a:

**Equifax Information Services LLC**
P.O. Box 740256
Atlanta, GA 30348

Para más información sobre el proceso visite:
https://www.equifax.com/personal/help/credit-report-dispute-process

**Experian**
P.O. Box 4500
Allen, TX 75013

Para más información sobre el proceso visite:
https://www.experian.com/blogs/ask-experian/credit-education/faqs/instructions-for-disputing-by-mail/

**TransUnion LLC**
Consumer Dispute Center
P.O. Box 2000
Chester, PA 19016

Para más información sobre el proceso visite:
https://www.transunion.com/credit-disputes/dispute-your-credit/mail-or-phone

Independientemente del medio que hayas utilizado para presentar tu disputa, la compañía de informes crediticios tiene hasta 30 días para investigarla. Si después de la investigación la compañía de informes crediticios considera que tu disputa «carece de fundamentos» o es «irrelevante», suspenderá la investigación, pero tienen que notificártelo y explicarte el motivo.

Si los datos revelan que la información que reportó es inexacta, debes notificar a las tres compañías de informes crediticios del país para que puedan hacer las correcciones en sus informes de datos.

Si apenas estás comenzando a establecer crédito, los factores que se usan para calcular tu puntaje de crédito pueden ser diferentes a los de otra persona con un historial de crédito más extenso.

Cuando solicitas una tarjeta de crédito nueva, tu puntaje de crédito puede disminuir al principio ya que el prestamista consulta el informe de crédito y los compara para considerar se representas un riesgo como comprador.

Si tienes poco historial de crédito, o una nueva tarjeta de crédito, podría ayudarte a mejorar tu puntaje siempre que la pagues a tiempo y no te endeudes demasiado.

La importancia de cada categoría puede variar según tus circunstancias particulares.

**Factores que determinan tu puntuación:**

- El 35% de su puntuación se basa en su historial de pagos.
- El 30% se basa en las deudas actuales.
- El 15% se determina de acuerdo con tu historial de crédito.
- El 10% se asigna a nuevas solicitudes de crédito.
- El 10% corresponde a los tipos de crédito actuales.

Trata de que tu saldo se mantenga dentro de lo más mínimo, es recomendable no más del 30% de la línea de crédito aprobado, y que cumpla con las fechas de vencimiento acordadas en sus cuotas mensuales.

**Se pueden identificar diferentes tipos de créditos disponibles como:**

**PRÉSTAMOS A PLAZOS:**

Este tipo de crédito abarca préstamos estudiantiles, personales, de automóviles, hipotecarios, y otros. Con estos préstamos, se te permite tomar prestado una cantidad específica de dinero que debes reembolsar, junto con intereses y cargos, en un periodo determinado a través de pagos mensuales fijos.

**CRÉDITO RENOVABLE:**

Aquí, la compañía de la tarjeta de crédito o institución financiera establece un límite de préstamo máximo, conocido como límite de crédito, el cual puedes pedir prestado y realizar compras.

**CRÉDITO POR SERVICIOS:**

Empresas que ofrecen servicios continuos, como proveedores de internet, compañías de gas, electricidad y telefonía móvil, esperan que utilices sus servicios y los pagues en una fecha posterior. Si no se realizas el pago, pueden generarse cargos y experimentar interrupciones en el servicio.

El obtener un crédito sirve como una referencia comercial en el futuro, el mismo es parte de historial de crédito de los deudores manejado en las Centrales de Información Crediticia.

**Los solicitantes de crédito deben conocer:**

- La tasa de interés anual y cómo la aplican.
- El porcentaje que se cobra por comisiones y seguimiento del crédito.
- El costo por los servicios legales para formalizar las garantías que respaldan los créditos.

El reporte de muchas aplicaciones de solicitudes de crédito o averiguaciones van a aparecer en su reporte, te otorguen o no la línea de crédito, y puede influenciar negativamente si estas averiguaciones ocurren con excesiva frecuencia ya que estas se conocen como inquirís.

Si alquilas una vivienda y haces tus pagos al día, solicita que tu renta sea reportada cada mes. Puedes mejorar tu crédito con ese buen historial de pagos.

Servicios como RentTrack aceptarán los pagos de tu renta y los reportarán a las agencias de informes de crédito:

**https://www.renttrack.com/residents**

Con su servicio de reporte a las tres principales agencias de informes de crédito, RentTrack dice haber visto puntajes de crédito aumentar 29 puntos en dos meses y 132 puntos en dos años en promedio basándose en los datos promedio de miles de prestamistas financieros.

## ¿POR QUÉ ES IMPORTANTE TENER CRÉDITO?

Porque es el instrumento más importante en la economía en general ya que transfiere poder generalizado de compra puesto que ofrece:

**Acceso a capital:**

La mayoría de las personas no tienen la capacidad de comprar una casa al contado. Un préstamo hipotecario te permite acceder a una cantidad significativa de capital para adquirir la vivienda deseada.

**Capacidad de endeudamiento:**

Tu historial crediticio y puntaje determinan cuánto puedes pedir prestado. Un buen historial de crédito suele resultar en una tasa de interés más favorable y un préstamo más grande.

**Tasas de interés:**

Un buen historial crediticio te califica para tasas de interés más bajas en tu préstamo hipotecario. Lo que se refleja en ahorro de dinero.

**Aprobación de préstamos:**

Los prestamistas utilizan tu historial crediticio para evaluar la probabilidad de que cumplas con tus pagos. Un buen historial crediticio te hace más agradable para los prestamistas y aumenta tus posibilidades de aprobación.

**Términos de préstamo favorables:**

Un buen historial crediticio puede influir en los términos del préstamo, como el plazo y los requisitos de pago inicial. Esto puede hacer que el préstamo sea más asequible y favorable para ti.

**Cantidad de pago inicial:**

Algunos préstamos te permitirán un pago inicial más bajo si tienes un historial crediticio sólido. Esto reduce la cantidad de dinero que necesitaras pagar por adelantado.

**Acceso a diferentes tipos de préstamos:**

Un buen crédito te permite acceder a más opciones de préstamos hipotecarios, lo que te brinda flexibilidad para elegir el que mejor se adapte a tus necesidades.

**Impulsa tu poder de negociación:**

Si tienes un buen historial crediticio, estás en una posición más fuerte para negociar términos favorables con el prestamista y el vendedor.

La Ley de Informe Imparcial de Crédito o The Fair Credit Reporting Act - FCRA requiere que, a tu pedido, cada una de las compañías de informes de los consumidores a nivel nacional Equifax, Experian y TransUnion te provean cada 12 meses una copia gratuita de su informe de crédito.

Estas compañías de informes de los consumidores como proveedores de la información en tu reporte de crédito son responsables de corregir cualquier información inexacta o incompleta registrada en su archivo, sin embargo, es de suma importancia que estes monitoreando la información que se refleja en tu historial de crédito.

La Comisión Federal de Comercio - FTC publica información para el consumidor sobre temas relacionados al crédito, y hacer cumplir las leyes federales de crédito. Para obtener una lista de publicaciones gratis, puede llamar al (877) FTC-HELP o

**Visita:**
**https://consumidor.ftc.gov/**

El Servicio de Asesoría de Crédito al Consumidor es también otra entidad que asiste al consumidor si este tiene problemas para hacer sus pagos. Para información sobre este servicio puede llamar al (800)388-CCCS (2227)

**Visita:**
**https://consumer.ftc.gov/articles/free-credit-reports**

En el desenlace de este fascinante episodio sobre el crédito, hemos desentrañado las claves que conducen hacia una vida financiera sólida y prometedora en los Estados Unidos. Esperamos que cada palabra compartida sea una guía, y cada consejo una brújula para navegar por las aguas del crédito con destreza y un recordatorio de que tu historial crediticio es una narrativa que tú controlas.

Concluimos esta nota con la confianza de que estás preparado para orquestar una vida financiera vibrante y llena de posibilidades y que cada paso que tomes hacia un crédito saludable sea un paso más cerca de tus metas más anheladas.

# CAPÍTULO IV: CÓMO PROTEGERTE DE ESTAFAS Y FRAUDES

*La prudencia y la diligencia debida son elementos claves para proteger nuestros intereses y evitar posibles situaciones problemáticas en el futuro.*

En el mundo actual, donde los avances tecnológicos y las transacciones financieras son cada vez más frecuentes, es crucial que los consumidores en general y los compradores de casas estén informados sobre los fraudes financieros. Estos delitos son una amenaza constante para nuestra seguridad económica y pueden tener consecuencias desastrosas si no se toman las precauciones adecuadas.

Los estafadores saben lo valiosa que es tu información personal y financiera, y harán o dirán casi cualquier cosa para conseguirla. Los fraudes financieros adoptan diversas formas y afectan a los consumidores.

# DIFERENTES FORMAS DE FRAUDE CREDITICIO

## Fraude de solicitud

En la que los estafadores utilizan solicitudes falsas para obtener información personal o realizar actividades fraudulentas.

## Fraude por interceptación de correo

Es una práctica en la cual los estafadores obtienen acceso no autorizado a la correspondencia postal de una persona con el fin de cometer actividades fraudulentas.

## Phishing

Es una técnica utilizada por ciberdelincuentes para obtener información confidencial de manera engañosa. Por lo general, los atacantes se hacen pasar por entidades de confianza, como bancos, empresas o servicios en línea, con el objetivo de engañar a las personas y hacer que divulguen información sensible, como nombres de usuario, contraseñas, números de tarjetas de crédito o información bancaria. Una vez que la víctima ingresa sus datos en estos sitios falsos, los ciberdelincuentes pueden acceder a su información personal y realizar actividades fraudulentas.

Es importante ser consciente de los intentos de phishing y siempre verificar la autenticidad de los correos electrónicos.

## Smishing

El término «smishing» es una combinación de las palabras «SMS» (Short Message Service) y «phishing». Se refiere a una táctica de fraude en la cual los estafadores utilizan mensajes de texto (SMS) para engañar a las personas y obtener información confidencial.

Los estafadores envían mensajes de texto que parecen provenir de fuentes legítimas, como bancos, empresas o servicios en línea. El mensaje suele contener información falsa o alarmante para persuadir a la víctima a tomar medidas rápidas, como hacer clic en enlaces o proporcionar información personal.

## Vishing

Es una táctica de estafa que implica el uso de llamadas telefónicas para engañar a las personas y obtener información confidencial. El término «vishing» proviene de la combinación de las palabras «voice» (voz) y «phishing».

Los estafadores utilizan llamadas telefónicas para contactar a las víctimas, haciéndose pasar por entidades legítimas, como bancos, agencias gubernamentales, compañías de servicios, etc. Durante la llamada, los estafadores proporcionan información falsa o alarmante para persuadir a la víctima a revelar información personal o financiera.

## Skimming

Es una técnica de fraude que implica la copia no autorizada de información de tarjetas de crédito o débito. Los estafadores utilizan dispositivos llamados «skimmers» para recopilar datos de la banda magnética de las tarjetas, permitiéndoles realizar transacciones fraudulentas o clonar tarjetas. Este tipo de fraude suele ocurrir en cajeros automáticos, terminales de puntos de venta (POS) o incluso en dispositivos móviles.

El «skimmer» copia la información almacenada en la banda magnética de la tarjeta, que incluye detalles como el número de cuenta y la fecha de vencimiento.

## Esquema Ponzi

En este tipo de esquema, el organizador atrae a inversores prometiendo rendimientos excepcionalmente altos en un período corto de tiempo. Sin embargo, en lugar de generar ganancias legítimas a través de inversiones, el dinero de los nuevos inversores se utiliza para pagar los rendimientos prometidos a los inversores anteriores.

El esquema depende constantemente de atraer a nuevos inversores para mantenerse a flote y continuar pagando a los inversores existentes.

## Pharming

Es otra técnica cibernética utilizada por los estafadores para redirigir a los usuarios de Internet a sitios web fraudulentos sin su conocimiento ni consentimiento. A diferencia del phishing, que se basa en engañar a los usuarios para que revelen información confidencial, el «pharming» manipula los sistemas de nombres de dominio (DNS) o la configuración del servidor para dirigir el tráfico web a sitios maliciosos.

Los ciberdelincuentes pueden comprometer los servidores DNS o utilizar técnicas de envenenamiento de caché para redirigir las solicitudes de dominios legítimos a sitios web fraudulentos.

## Toma de control de cuenta

El estafador utiliza información personal de la víctima para ponerse en contacto con el emisor de la tarjeta y realizar cambios en la cuenta, como modificar PIN, contraseñas y direcciones de correo asociadas. El objetivo final es obtener el control total de la cuenta para llevar a cabo actividades fraudulentas.

## Tarjetas clonadas o falsificadas

Este tipo de fraude generalmente implica la creación de una copia no autorizada de la información contenida en una tarjeta de crédito o débito.

Los estafadores obtienen la información de la tarjeta, incluyendo el número de cuenta, nombre del titular, fecha de vencimiento y código de seguridad (CVV/CVC). Utilizando la información obtenida, los estafadores crean tarjetas físicas falsificadas que pueden parecer auténticas a simple vista.

Con las tarjetas clonadas, los delincuentes realizan compras, retiros de efectivo u otras transacciones fraudulentas en nombre del titular de la tarjeta.

## Robo con tarjeta no presente

Los estafadores realizan transacciones fraudulentas utilizando la información de una tarjeta de crédito o débito sin tener físicamente la tarjeta en su posesión. Este tipo de fraude a menudo ocurre en transacciones en línea, por teléfono u otros métodos donde la tarjeta no se presenta físicamente al comerciante.

## Fraude de crédito por parte de un conocido

Es una situación seria que puede afectar la vida financiera y personal de una persona. Este tipo de fraude ocurre cuando alguien cercano, como un amigo, familiar o incluso un conocido en el ámbito laboral, utiliza de manera indebida la información personal o financiera de otra persona para obtener crédito o realizar transacciones fraudulentas.

## Manipulación del mercado de valores

Los estafadores difunden información falsa o engañosa sobre una empresa o una inversión con el objetivo de aumentar o disminuir artificialmente el precio de las acciones. Recuerde que, si algo parece demasiado bueno para ser verdad, probablemente lo sea.

## Fraudes hipotecarios

Son prácticas fraudulentas que pueden tener diversas formas y afectan a todas las partes en transacciones hipotecarias. Involucran la obtención indebida de financiamiento hipotecario, ya sea por parte de solicitantes de préstamos, intermediarios o profesionales de la industria hipotecaria.

Así mismo, otorgan préstamos con términos excesivamente desfavorables, como tasas de interés altas o condiciones abusivas.

## Fraude de modificación de préstamos

Los estafadores se hacen pasar por asesores legales o expertos en refinanciamiento y prometen reducir las tasas de interés o modificar los términos de la hipoteca. Sin embargo, en lugar de ayudar a los consumidores, solicitan pagos por adelantado para supuestos trámites legales o servicios que nunca se llevan a cabo.

Las estafas de préstamos y refinanciamiento son una realidad en el mundo financiero actual. Es fundamental estar informado y tomar precauciones antes de realizar cualquier transacción o compartir información personal. Recuerde que la prevención es la mejor herramienta contra los fraudes y estafas financieras.

## Las estafas en el alquiler de propiedades

Una de las áreas donde estas prácticas fraudulentas son más comunes es en el alquiler de propiedades. Las estafas en el alquiler de propiedades pueden tomar diversas formas, pero todas tienen un objetivo común: engañar a consumidores y obtener beneficios económicos de manera ilegal.

En este caso, los estafadores se hacen pasar por propietarios legítimos de una propiedad y ofrecen alquilarla a un precio atractivo.

Verifica la identidad del arrendador, comprobar la existencia y autenticidad de la propiedad y revisar cuidadosamente el contrato de alquiler para protegerte de estas estafas.

## Los fraudes y estafas financieras

Tienen un impacto significativo en los consumidores en los Estados Unidos. Desde la pérdida económica hasta el estrés emocional y la falta de confianza en el sistema financiero, estas prácticas deshonestas afectan a las personas en múltiples niveles.

No solo causan pérdidas económicas a las víctimas directas, sino que también generan un efecto dominó que se extiende a toda la economía. Cuando las personas se convierten en víctimas de este tipo de delitos, se sienten vulnerables e inseguras al utilizar servicios financieros. Como resultado, es posible que los consumidores eviten realizar transacciones o inversiones, lo que ralentiza el flujo de dinero en la economía.

Otro impacto importante de los fraudes y estafas financieras es el aumento de los costos de los productos y servicios. Las empresas, para compensar las pérdidas sufridas por estas prácticas fraudulentas, pueden verse obligadas a aumentar los precios de sus productos o servicios, lo que afecta directamente a los consumidores.

De acuerdo con un reporte en la Asociación de Examinadores de Fraude Certificados conocida por sus siglas en inglés: ACFE, muchas organizaciones en todo el mundo suelen perder aproximadamente un 5% de sus ingresos anuales debido al fraude.

El fraude financiero tiene la intención principal de sacar provecho de ciertos beneficios mediante engaños y manipulaciones dentro del sector financiero. En este sentido, es conveniente adherirse a un conjunto de precauciones y medidas que permitan proteger tus activos.

## ROBO DE IDENTIDAD

Es de las estafas financieras más comunes y perjudiciales para los consumidores. El robo de identidad ocurre cuando alguien obtiene acceso no autorizado a los datos personales de otra persona, como su nombre, número de seguro social, fecha de nacimiento, entre otros.

Con esta información, los estafadores pueden abrir cuentas bancarias, solicitar tarjetas de crédito, obtener préstamos y cometer otros actos delictivos en nombre de la víctima., y pueden utilizar programa maligno conocido como «malware» para infectar los dispositivos de las víctimas y robar su información.

Si descubres que has sido víctima de robo de identidad, es importante actuar rápidamente. Primero, debes comunicarte con tu banco y las compañías de tarjetas de crédito para informarles de la situación y solicitar el cierre de las cuentas afectadas. También es recomendable presentar un informe policial y contactar a las agencias de crédito para congelar tu crédito y evitar que los estafadores abran nuevas cuentas a tu nombre.

## SEÑALES DE ADVERTENCIA

Cuando se trata de proteger nuestras finanzas y evitar caer en fraudes y estafas financieras, es esencial estar alerta a las señales de advertencia conocido en inglés como «red flags», que pueden indicar la presencia de una situación potencialmente peligrosa.

Una de las primeras señales de advertencia que debemos tener en cuenta es la presión excesiva para tomar decisiones rápidas. Si alguien nos está presionando para que invirtamos nuestro dinero de inmediato, sin darnos tiempo para investigar o consultar con un asesor financiero, debemos ser cautelosos. Los estafadores a menudo utilizan tácticas de venta agresivas para hacer que las personas tomen decisiones impulsivas e irreflexivas.

Otra advertencia es la de tener en cuenta la promesa de rendimientos demasiado buenos para ser verdad. Si alguien nos ofrece una inversión con ganancias garantizadas y extremadamente altas, debemos ser escépticos.

En el mundo financiero, no existen las ganancias garantizadas y siempre hay un nivel de riesgo asociado con cualquier inversión legítima.

Debemos estar atentos a las empresas que no están registradas o que no tienen licencia para realizar operaciones financieras. Antes de invertir nuestro dinero, es importante investigar y asegurarnos de que la empresa o el asesor financiero estén debidamente autorizados para realizar transacciones legales.

Finalmente, debemos prestar atención a las señales de advertencia emocionales. Si algo nos parece demasiado bueno para ser verdad, o si sentimos una intuición incómoda acerca de una inversión o un negocio en particular, es importante confiar en nuestra intuición y tomar medidas adicionales para investigar y proteger nuestras finanzas.

En este episodio, exploramos las diversas formas de estafas y fraudes que afectan a consumidores en la era digital.

Desde el phishing y el robo de identidad hasta esquemas Ponzi y fraudes hipotecarios, los consumidores enfrentan una amplia gama de riesgos que pueden afectar su seguridad financiera y personal.

Es crucial destacar la importancia de la educación y la conciencia. Los consumidores deben estar informados sobre las tácticas comunes utilizadas por los estafadores, así como sobre las medidas preventivas que pueden tomar para protegerse. La vigilancia constante, la revisión cuidadosa de transacciones y la adopción de prácticas de seguridad sólidas son elementos clave en la defensa contra fraudes. La implementación de medidas de seguridad robustas, la colaboración en la identificación de amenazas y la rápida respuesta a posibles incidentes son esenciales para proteger a los consumidores y mantener la integridad de los sistemas financieros.

Después de explorar las complejidades y desafíos de enfrentar estafas y fraudes en el mundo digital, es momento de dirigir nuestra atención hacia un tema igualmente crucial pero más positivo: La casa ideal. Cambiamos el enfoque de protegernos contra amenazas a dar pasos emocionantes para cumplir nuestros sueños residenciales.

Desde la búsqueda de propiedades hasta las negociaciones y la obtención de financiamiento, exploraremos cada etapa del proceso de compra de vivienda.

¡Así que prepárate para sumergirte en el apasionante mundo de la búsqueda y adquisición de la casa ideal en nuestro próximo capítulo!

# CAPÍTULO V:
# LA CASA IDEAL

*Desde la arquitectura hasta los pequeños toques, aprender a identificar esos elementos te ayudará a transformar una casa en tu casa ideal.*

Continuando con nuestro excitante recorrido hacia tu futura casa, este capítulo te guiará a través de la búsqueda de esos elementos específicos que hacen que una casa destaque.

Desde la primera impresión hasta los rincones más íntimos, aprenderás a reconocer lo que realmente importa en tu viaje hacia la casa ideal.

Determinar cuánto puedes pagar es uno de los primeros pasos para comprar una casa, pero es igualmente esencial crear una lista de tus necesidades frente a tus deseos antes de comprar una casa.

La diferencia entre «**querer**» y «**necesitar**» en el contexto de comprar una casa es fundamental para tomar decisiones financieras sólidas y encontrar una propiedad que se ajuste a tus verdaderas necesidades.

La mayoría de la gente confunde estos dos términos fácilmente. Comprender y definir claramente lo que estás buscando en una casa te ayudará a ahorrar tiempo al buscar casas que no se acomodarán a tus necesidades, ni tampoco a tu presupuesto.

La línea entre un deseo y una necesidad a menudo puede difuminarse. Para poder diferenciar los deseos de las necesidades a la hora de comprar una vivienda, es importante entender cómo se define cada uno.

Una necesidad es algo de lo que no puedes prescindir y no estás dispuesto a comprometer. Por ejemplo, es posible que necesite tres dormitorios para acomodar a todos los miembros de tu familia.

Un deseo es una característica opcional que sería bueno tener, pero no es un factor decisivo. Es posible que desees una piscina en la que puedas refrescarse en un caluroso día de verano, pero también podrías vivir sin piscina.

## ¿CÓMO EMPEZAR?

Empieza por lo básico como: Los dormitorios, los baños, el tamaño de la casa, cocina y la ubicación suelen ser excelentes lugares para comenzar. Si sabes que quieres un camino corto o acceso a escuelas particulares puedes reducir tu radio de búsqueda.

La compra de una vivienda implica compensaciones y compromisos. Es posible que hayas categorizado algo como una necesidad que en realidad puede haber sido un deseo.

Si la necesidad que no se satisface es una prioridad menor, también podría valer la pena comprometerse si la casa satisface otras necesidades que son más importantes.

Evita tomar decisiones basadas únicamente en elementos estéticos o de lujo.

Asegúrate de que cada característica contribuya al bienestar y funcionalidad de la propiedad.

Seleccionar un equipo de profesionales es elemental para este proceso. Dependiendo de tu estado, de las condiciones y requerimientos propios para el desarrollo de la transacción inmobiliaria, puedes necesitar la guía de diferentes profesionales. Una guía experta que te ayude a realizar este emocionante viaje hacia la compra de tu casa propia sin inconvenientes.

Un agente inmobiliario es clave en este proceso de compra. Busca un agente con experiencia en la zona, pide recomendaciones, verifica que tenga experiencia y reseñas antes de tomar una decisión. Un negociador hábil y talentoso puede mejorar los resultados deseados.

Cada paso del camino desde la oferta original, hasta la posible negociación de la oferta después de la inspección de la casa, o la posible cancelación del negocio basado en los problemas encontrados en la evaluación; necesitas un profesional que pueda guiarte a mantener el negocio previsto hasta que cierre.

Un prestamista también va a formar parte de tu equipo si necesitas financiamiento para la compra de tu propiedad; un prestamista que tenga acceso a una variedad de opciones personalizadas según tus necesidades financieras.

Un abogado inmobiliario para ayudarte a entender contratos y garantizar que todo esté en orden. Un inspector de viviendas que te ayude a evaluar el estado de la propiedad.

Una compañía de títulos que manejará la investigación del título y la transferencia de propiedad con el título libre.

Un asesor de seguros para ayudarte a entender y obtener la cobertura adecuada para tu casa nueva. Este incluye seguro de propietario, que es típicamente requerido por los prestamistas hipotecarios.

## ¿CÓMO TE ASEGURAS DE COMPRAR LA CASA ADECUADA?

Entre la casa en sí, la ubicación y las limitaciones en tu presupuesto, hay muchas variables a considerar. Hay que entender el balance perfecto.

¿Cuántas veces has escuchado a alguien decir que se «enamoró» de una casa? Eso puede ser cierto y a la vez genial. Pero cuando la magia del amor a primera vista está sucediendo, es fácil perder de vista lo que es realmente importante para ti, e incluso ignorar los principales defectos.

## CADA CASA ES ÚNICA

Y cuando comienzas a mirarlas una tras otra en rápida sucesión, se vuelve difícil hacer un seguimiento de lo que quieres tener en tu casa en primer lugar. Una forma de evitar esto es preparar una lista de verificación de tus deseos y necesidades. De esta manera, puedes ver una casa y saber al instante dónde se encuentra en términos de tus deseos y necesidades ya preestablecidos. Si vas a comprar una casa, lo más probable es que ya tengas una idea de cómo quieres que sea, y sabrás que la mayoría no tienen todo lo que deseas.

Sin embargo, no todos los factores son iguales y si conoces claramente la diferencia entre tus deseos y tus necesidades, podrás priorizar y comprar una casa que satisfaga todas tus necesidades.

La diferencia entre nuestras necesidades es que estás son reales, y son limitadas como, por ejemplo: gastos de alimentos, vivienda, ropa, utilidades, etc. y lo que queremos o deseamos son casi todo lo demás, por ejemplo:

automóviles de lujo, artefactos, ropa de marcas caras, etc., no terminaríamos de mencionar todo lo que nos gustaría tener, sin embargo, hay consideraciones que debemos tomar en cuenta.

Si nuestros recursos son limitados identifiquemos nuestras prioridades para tomar decisiones sobre lo que necesitamos cumplir primero.

Muchos de nosotros ignoramos esa realidad y vivimos de mes a mes porque nos quedamos sin sueldo, o en algunos casos, porque realizamos gastos antes de recibir nuestro sueldo, con esto me refiero a las tarjetas de crédito, tienda de departamentos, etc. ampliando nuestros gastos nos gastamos ingresos futuros.

La negativa frecuente que tenemos de tomar decisiones drásticas para administrar responsablemente nuestro dinero implica privarnos de muchas cosas en el presente, sin considerar que en el futuro tendremos menos opciones.

*Toda decisión de dinero*
*tiene un costo propio.*

## «COSTO DE OPORTUNIDAD»

En otras palabras, significa que hay que sacrificarnos para obtener algo más.

Al definir: «**Querer** versus **necesitar**» podemos:

- Eliminar inmediatamente las casas que no son adecuadas.
- Evitar la compra emocional.
- Trabajar para identificar una casa que se adapte a tus necesidades.
- Ganar la confianza que necesitas para actuar rápidamente cuando surja la vivienda precisa.
- Adquirir la capacidad de comprometerse adecuadamente.

Considera que, si demasiados artículos caen en la columna de tus necesidades, puedes restringir severamente la cantidad de casas disponibles.

Mantén la mente abierta: algunas de las características que deseas se pueden agregar fácilmente una vez que compres la casa. Es posible que tenga dificultades para agregar otro dormitorio, pero cambiar el color de los gabinetes de la cocina es una actualización fácil y económica.

## ¿QUÉ FACTORES DEBES CONSIDERAR?

Hay factores claves que debes considerar a la hora de escribir una lista de necesidades y deseos, como:

### Presupuesto

Una de las cosas más importantes para tener en cuenta a la hora de comprar una casa es el presupuesto. Debes calcular el valor de la casa que necesitas. Y preparar un presupuesto que te ayudará a determinar el precio promedio de la casa de tus sueños. Con un presupuesto determinado, será fácil evitar las casas que están fuera de tu presupuesto y concentrarse en aquellas que están dentro.

### Ubicación de la casa

Una casa con acceso fácil. Las casas con poca accesibilidad causarán inconvenientes. Si tienes niños que van a la escuela, debes considerar si hay una buena escuela cerca. Toma en cuenta las tasas de criminalidad y otros puntos de seguridad. Evalúa la ubicación de la que va a ser tu casa nueva.

**Tamaño de la casa:**

Ya sea grande o pequeña, el tamaño de una casa que necesitas comprar depende del tamaño de tu familia.

## ¿CÓMO ENCONTRAR EL VECINDARIO CORRECTO?

El vecindario que elijas es un factor primario con respecto a cuán buena resulte la inversión de la compra de su vivienda, especialmente si ya sabes cuánto puedes gastar en una.

Comienza la búsqueda de tu vivienda con un vecindario de tu gusto que tenga propiedades dentro de tu rango de precios.

Establece tu propia lista acerca de los vecindarios que pueden ser importantes para ti en particular, como:

- Atractivo y seguridad general.
- Estado de las otras viviendas en el área.
- Calidad de las escuelas locales.
- Distancia desde tu trabajo.
- Disponibilidad de transporte público.
- Actividades recreativas, parques y campos de juego.
- Acceso rápido a centros comerciales.
- Lugares de oración.

Cuando estás buscando un lugar nuevo para vivir, es útil recordar la regla de oro en bienes raíces: Ubicación—ubicación—ubicación, ya que no solo estás comprando una casa, sino que también te estás convirtiendo en parte de una comunidad. No todos los vecindarios son iguales y no existe el vecindario perfecto; todos tienen diferentes necesidades y deseos.

Sin embargo, hay componentes comunes. A medida que evalúes los mejores aspectos del vecindario, querrás adaptarlos a tus necesidades en este momento de tu vida.

Todas las comunidades tienen esto en común: ¡El orgullo de ser propietario!, que se manifiesta cuando los residentes mantienen sus casas y se preocupan por su vecindario.

Los vecinos participan para conectarse y crear grupos locales que unen a los residentes para mejorar el área. Un vecindario verdaderamente genial es aquel que está en sintonía con tu estilo de vida actual.

Investiga proyectos futuros en el área, como desarrollos comerciales, mejoras en infraestructuras y planes urbanísticos. Esto puede afectar el valor de tu propiedad a largo plazo. Otro factor son los bajos índices de criminalidad que le dan a un vecindario una sensación de tranquilidad y calma.

La seguridad es una preocupación de todos; la delincuencia es una forma rápida de saber si un barrio está mejorando o no. Regresa al área a diferentes horas del día para obtener una imagen más completa del mismo.

## PARA LAS FAMILIAS CON NIÑOS

Las grandes escuelas encabezan la lista de lo que hace que un vecindario sea excelente. Las buenas escuelas no solo son importantes para las familias con niños, sino que también hacen que los vecindarios circundantes sean más valiosos y buscados, manteniendo fuertes los valores de las propiedades.

Actividades al aire libre endulzan el atractivo de un vecindario. Estar muy cerca de lugares para trotar, nadar o pedalear puede mantenerte en lo alto de un vecindario. Es una conexión especial.

El acceso fácil al transporte público es definitivamente una ventaja para un vecindario y un servicio para casi cualquier estilo de vida. Tiendas, teatros, restaurantes entre otros en las proximidades, por ejemplo, son factores importantes para muchos. El estilo de vida influye al momento de decidirte por un vecindario.

La elección abarca muchas consideraciones, como la asequibilidad y las oportunidades de empleo, son obvios y casi universales en su aplicabilidad. Otros, como la elección de alimentos y el clima, pueden parecer menos importantes. No todas las comunidades urbanas, suburbanas, o rurales son intercambiables. Cada uno está influenciado por su composición demográfica y cultural única.

## VIVIENDAS VISITADAS

Después de identificar tus prioridades al momento de decidir la compra de una vivienda, programas con ayuda de un profesional la visita a múltiples propiedades. Es importante observar cada vivienda con un enfoque crítico y tomar notas detalladas sobre aspectos como la distribución del espacio, condición, mantenimiento y calidad de los acabados.

El tomar nota de cada una de las propiedades en detalle facilitará la comparación al momento de elegir. La opinión de un profesional es también importante ya que disponen de más y mejor conocimiento del área y pueden proporcionarte perspectivas únicas.

Al compararlas, evalúa aspectos específicos como la ubicación, el tamaño, la condición estructural, los servicios cercanos y la proximidad al trabajo o escuelas.

Considera cómo cada propiedad se ajusta a tu presupuesto. Además del precio de compra, considera los costos de mantenimiento, impuestos y posibles renovaciones necesarias. Investiga el potencial de apreciación de cada propiedad.

Examina las condiciones actuales del mercado. Esta información puede influir en tu capacidad para negociar y obtener una mejor oferta.

## ANÁLISIS COMPARATIVO

Mantén un registro detallado de los pros y contras de cada propiedad visitada. Prioriza tus necesidades y preferencias para tomar decisiones objetivas. Al analizar de manera exhaustiva los pros y contras de las propiedades visitadas, estarás mejor preparado para seleccionar la casa que mejor se adapte a tus necesidades y expectativas.

## AQUÍ TIENES UNA GUÍA:

**Ubicación:**

**Pros:**

Proximidad a lugares de trabajo, escuelas, transporte público y servicios.

Seguridad y reputación del vecindario.

**Contras:**

Ruido o congestión del tráfico en la zona.

Limitaciones en el crecimiento futuro del área.

**Estado de la propiedad:**

**Pros:**

Propiedad bien mantenida y en buen estado estructural.

Mejoras recientes que pueden aumentar el valor.

**Contras:**
Necesidad de reparaciones importantes.
Problemas estructurales o de mantenimiento ocultos.

**Tamaño y distribución**:
**Pros**:
Espacios amplios y diseño funcional.
Suficientes habitaciones y áreas de almacenamiento.

**Contras:**
Limitaciones en el tamaño o disposición que no se ajustan a tus necesidades.
Falta de flexibilidad para futuras expansiones.

**Costos asociados:**
**Pros:**
Precio de compra asequible.
Bajos impuestos y tarifas asociadas.

**Contras:**
Costos ocultos como reparaciones inesperadas.
Impuestos o tarifas elevadas en comparación con otras propiedades.

**Historial de mantenimiento:**
**Pros**:
Propiedad con un historial de mantenimiento sólido.
Documentación clara de las renovaciones y mejoras.

**Contras:**

Falta de historial de mantenimiento o documentación.

Posibles problemas ocultos debido a un mantenimiento deficiente.

**Potencial de apreciación:**

**Pros:**

Área con historial de apreciación constante.

Desarrollos planeados a futuro que podrían aumentar el valor.

**Contras:**

Área con tendencias de depreciación.

Falta de planes de desarrollo que puedan afectar la inversión a largo plazo.

**Características especiales:**

**Pros:**

Características únicas que aumentan el atractivo (patio grande, vista panorámica, etc.).

Equipamiento adicional como electrodomésticos de alta gama.

**Contras:**

Características especiales que pueden requerir mantenimiento adicional.

Elementos específicos que pueden no ser de interés personal.

**Financiamiento y flexibilidad:**

**Pros:**

Opciones de financiamiento favorables.

Flexibilidad en los términos de la venta.

**Contras:**

Restricciones financieras que podrían afectar la aprobación del préstamo.

Términos de venta inflexibles.

**Condiciones del mercado:**

**Pros:**

Compra en un mercado favorable para los compradores.

Negociación más fácil debido a las condiciones del mercado.

**Contras:**

Compra en un mercado competitivo con precios elevados.

Dificultades para negociar en un mercado de vendedores.

**Opinión de profesionales:**

**Pros:**

Opiniones positivas de inspectores, agentes inmobiliarios y otros profesionales.

Confirmación de que la propiedad cumple con los estándares y regulaciones.

**Contras:**

Descubrimiento de problemas significativos durante las evaluaciones profesionales. Opiniones negativas que sugieren problemas potenciales a largo plazo.

**Calidad de construcción:**

**Pros:**

Construcción de alta calidad con materiales duraderos.

Arquitectura atractiva que agrega valor.

**Contras:**

Construcción deficiente que podría llevar a problemas a largo plazo.

Necesidad de actualizaciones importantes para mejorar la calidad.

**Zonificación y regulaciones:**

**Pros:**

Zonificación que permite usos futuros deseados.

Cumplimiento de regulaciones locales y normativas.

**Contras:**

Restricciones de zonificación que limitan ciertos usos.

Problemas de cumplimiento que podrían resultar en multas.

**Comodidades y servicios:**

**Pros**:

Acceso a comodidades como parques, escuelas y centros de salud.

Servicios públicos confiables y eficientes.

**Contras:**

Falta de comodidades cercanas.

Servicios públicos poco fiables o costosos.

**Historial de seguros:**

**Pros:**

Historial de seguros sin reclamos significativos.

Pólizas de seguro asequibles y de buena cobertura.

**Contras:**
Historial de reclamos que podría aumentar las primas.
Dificultades para obtener cobertura debido a riesgos específicos.

**Ambiente vecinal:**
**Pros:**
Vecindario amigable y seguro.
Comunidad activa y participativa.

**Contras:**
Problemas de seguridad o delincuencia en la zona.
Falta de conexión comunitaria y actividades.

**Escuelas y educación:**
**Pros:**
Proximidad a escuelas de alta calidad.
Opciones educativas variadas en la zona.

**Contras:**
Calidad educativa inferior en comparación con otras áreas.
Limitaciones en las opciones de educación para tus hijos.

**Trayectoria de inversión:**
**Pros:**
Historial de apreciación constante en propiedades cercanas.
Potencial para mejoras que aumentarán el valor con el tiempo.

**Contras:**

Tendencias de depreciación en la zona.

Limitaciones en el potencial de inversión a largo plazo.

**Entorno natural:**

**Pros:**

Vistas panorámicas o proximidad a áreas naturales.

Entorno tranquilo y relajante.

**Contras:**

Problemas ambientales o riesgos naturales en la zona.

Impacto del desarrollo futuro en el entorno.

**Accesibilidad y transporte:**

**Pros:**

Acceso conveniente a carreteras principales y transporte público.

Infraestructura de transporte en constante mejora.

**Contras:**

Congestión del tráfico y dificultades de acceso.

Falta de opciones de transporte público eficientes.

**Estilo de vida local:**

**Pros:**

Alineación con tu estilo de vida y preferencias.

Oportunidades culturales, recreativas y de entretenimiento cercanas.

**Contras:**

Estilo de vida local que no se adapta a tus preferencias.

Falta de actividades o eventos interesantes en la zona.

Estos ejemplos abordan solo algunos de los diversos aspectos que debes considerar al analizar las propiedades visitadas. Recuerda que la clave está en evaluar cómo cada factor se alinea con tus metas y necesidades particulares.

# LA COMPRA DE UNA CASA NUEVA

La edad es solo un número, ¿cierto? Pero cuando tenemos que decidir la vivienda adecuada es un proceso más complejo ya que la antigüedad de la propiedad es solo uno de los factores a considerar.

En esta parte de nuestro viaje exploraremos las bases de las casas nuevas y en proceso de construcción. Desde diseños modernos hasta tecnologías innovadoras, estas viviendas están siendo concebidas para cumplir con los estándares actuales y ofrecer un estilo de vida contemporáneo. Te concentrarás en la libertad de la personalización que brinda la construcción de una casa nueva. Descubre cómo cada detalle, desde la distribución de las habitaciones hasta los acabados finales, puede adaptarse a tus gustos y necesidades específicas.

Estos son algunos de los beneficios de comprar una casa de construcción nueva; el que tienes la oportunidad de personalizarla según tus necesidades y gustos específicos.

Las casas nuevas integran tecnología avanzada y enfoques de eficiencia energética. Desde sistemas inteligentes hasta características ecológicas, estas construcciones están a la vanguardia de la sostenibilidad y la comodidad moderna.

Te ofrecen ciertas garantías ya que los constructores respaldan sus creaciones, brindando la confianza de saber que estás invirtiendo en una propiedad que ha sido construida con altos estándares y meticuloso cuidado.

Otra de las ventajas se refleja en el mínimo mantenimiento que requiere, y los costos de reemplazo ya que todo está nuevo. La mayoría de las casas nuevas vienen con certificaciones energéticas que cubren paredes, techos, ventanas, puertas e incluso paquetes de electrodomésticos entre otros.

Así mismo, ofrecen una mejor filtración del aire, lo que aumenta la calidad del aire interior, reduciendo los síntomas de las personas que tienen asma o alergias. Una casa modelo en una comunidad de desarrollo muestra las mejores características y accesorios disponibles, y estos componentes cuestan más que el paquete estándar. Las casas de nueva construcción siempre serán más caras que las casas de reventa ya que la personalización de tu casa incrementa según sus requerimientos.

El precio de los materiales también puede fluctuar en función de factores fuera del control del constructor, como los costos de transporte y combustible.

## CASAS DE REVENTA

Las casas de reventa, también conocidas como casas de segunda mano, son propiedades que han sido previamente propiedad de alguien más y que están siendo ofrecidas en el mercado nuevamente. Básicamente, una vivienda de reventa es cualquier propiedad que no es construcción nueva. Aunque estas casas pueden tener algo de desgaste, a menudo tienen precios más bajos que las propiedades nuevas. Es una excelente opción para los compradores con presupuesto limitado.

Las propiedades de reventa suelen ubicarse en vecindarios consolidados, lo cual, es beneficioso para aquellos compradores que valoran la comodidad de vivir en áreas ya establecidas. Este aspecto resulta especialmente atractivo para aquellos que prefieren la accesibilidad a pie en comparación con las nuevas subdivisiones en crecimiento.

Las casas de reventa tienen sus ventajas, condiciones y consideraciones que tienes que tomar en cuenta. Estas casas suelen tener una historia arquitectónica y de diseño únicas, reflejando las tendencias y estilos de la época en que fueron construidas. Pueden variar en tamaño, diseño de interiores y exteriores, y características como número de habitaciones, baños y comodidades.

Así mismo, se encuentran en una variedad de ubicaciones, desde antiguos vecindarios consolidados hasta áreas suburbanas, lo que puede influir significativamente en la condición y el valor de reventa de la propiedad.

La condición de las casas de reventa varía ampliamente, ya que algunas pueden estar bien mantenidas y actualizadas, mientras que otras pueden requerir reparaciones y renovaciones.

La posibilidad de negociar el precio de compra, especialmente si la propiedad ha estado en el mercado durante un tiempo es una consideración significante. A diferencia de las casas nuevas, las casas de reventa están listas para ser habitadas de inmediato, lo que puede ser beneficioso si buscas mudarte rápidamente.

Realizar una inspección profesional exhaustiva es recomendable para identificar posibles problemas estructurales o necesidades de reparación, así como también informarte sobre el historial de mantenimiento y renovaciones anteriores. Las casas de reventa suelen costar menos que las casas de nuevas.

Una casa existente puede tener un diseño ligeramente anticuado, una cocina que necesita actualizarse, habitaciones más pequeñas o un patio trasero menos espacioso. Debido a esto, la compra de una casa de reventa se refleja en el precio que pagarías por una nueva.

De hecho, es posible que todo el diseño de una casa de reventa no sea tan funcional como lo que normalmente encontrarías en las casas nuevas.

Un aspecto significativo es la capacidad de poder realizar mejoras futuras según tus necesidades y preferencias. Por ejemplo, muchos compradores optan por instalar sistemas de calefacción central y aire acondicionado.

A través de programas de energía eficiente, conocidos como EEM, puedes obtener fondos para realizar estas actualizaciones en el momento.

## HIPOTECA HOMESTYLE® ENERGY DE FANNIE MAE

Los prestatarios pueden financiar mejoras energéticas directamente en una hipoteca de compra o refinanciamiento. Las actualizaciones también pueden incluir energía solar, geotérmica o eólica. Además, los prestatarios pueden usar HomeStyle Energy para pagar la deuda de energía existente, incluidos, entre otros, los préstamos PACE.

Más información sobre los beneficios de una vivienda energéticamente eficiente:

**Visita:**
**https://yourhome.fanniemae.com/es/node/351**

## HIPOTECA GREENCHOICE DE FREDDIE MAC

Los prestatarios pueden financiar mejoras de eficiencia energética con cualquier producto hipotecario, tipo de propiedad y plazos de financiamiento de hasta 30 años para brindar oportunidades de financiamiento asequibles considerando una relación deuda-ingresos y gastos de vivienda—ingresos para préstamos más flexibles que van a ser suscritos manualmente.

**Visita:**
**https://sf.freddiemac.com/working-with-us/origination-underwriting/mortgage-products/greenchoice-mortgages**

## HIPOTECA DE EFICIENCIA ENERGÉTICA DEL FHA

Los propietarios de viviendas pueden ahorrar dinero en las facturas de servicios públicos al permitirles financiar estas mejoras de eficiencia energética con la hipoteca asegurada por la FHA.

Bajo este programa EEM, FHA asegura la hipoteca de un prestatario utilizada para comprar o refinanciar una residencia principal, y el costo de las mejoras de eficiencia energética que se realizarán en la vivienda.

**Visita:**
**https://www.hud.gov/program_offices/housing/sfh/eem/energy-r**

## PRÉSTAMOS GARANTIZADOS PARA VIVIENDAS UNIFAMILIARES DEL DEPARTAMENTO DE AGRICULTURA — USDA

Los prestamistas aprobados ofrecen a los compradores de ingresos bajos y moderados la oportunidad de ser propietarios de vivienda en áreas rurales elegibles. Los solicitantes elegibles pueden comprar, construir, rehabilitar, mejorar o reubicar una vivienda en un área rural elegible con un financiamiento del 100%.

## HIPOTECA THE U.S. DEPARTMENT OF VETERANS AFFAIRS (VA) EEM

Los compradores que son personal militar calificado, reservistas y veteranos pueden hacer para mejoras energéticas al comprar una casa existente.

**Visita:**
**https://www.va.gov/housing-assistance/home-loans/eligibility/**

A la hora de comprar una casa, tendrás que decidir qué opción es la mejor para ti en función de tu estilo de vida, presupuesto y preferencias o necesidades personales y financieras.

No existe un enfoque único para todos: una casa de reventa es la mejor opción para algunos compradores, mientras que una casa nueva es más adecuada para otros.

## CASAS MULTIFAMILIARES

Una casa multifamiliar es un solo edificio que se divide para acomodar a más de una familia que vive por separado. Pueden ir desde un dúplex, que tiene dos viviendas dentro de un solo edificio, tríplex apartamentos con tres unidades individuales o cuádruples con cuatro unidades individuales. Los edificios con más de cuatro unidades se consideran propiedades comerciales. Cada unidad dentro de una casa multifamiliar tiene su propia cocina, baño, medidor de servicios públicos, dirección y entrada. Esto permite que las familias que residen allí vivan separadas, a pesar de que comparten paredes comunes y un techo. Por lo general, los alquileres se realizan en contratos de arrendamiento mensuales o anuales con un papeleo simple y directo.

Las casas multifamiliares son cada vez más populares. Permiten a los propietarios vivir en una unidad y alquilar las otras para compensar los costos de su hipoteca. En casas multifamiliares los pagos de la hipoteca son generalmente más altos.

Estas propiedades son una buena opción para inversionistas y familias numerosas, siempre y cuando examine las ventajas y desventajas. Las inversiones multifamiliares también tienen sus contras, al igual que con cualquier opción de inversión. El mayor inconveniente es la falta de control. Asegúrese de que puede pagar cómodamente no solo su hipoteca, sino también cualquier gasto adicional antes de comprar su primera casa.

Una de las razones más atractivas es que estas propiedades generan ingresos pasivos originando un flujo de caja cada mes. Así mismo, tienen grandes ventajas fiscales. La mayoría de los inversionistas utilizan una hipoteca para financiar la propiedad.

Luego pueden tomar una deducción por los intereses hipotecarios pagados durante ese año fiscal, que tiende a ser más alto en los primeros años de propiedad a medida que el préstamo comienza a amortizarse. Las propiedades multifamiliares se pueden depreciar durante un período de 27.5 años, incluso si la propiedad técnicamente se aprecia en valor.

La depreciación se puede utilizar para compensar una parte significativa de los ingresos por alquiler recaudados cada año, lo que la convierte en una clase de activos muy atrayentes para todo tipo de inversionista. Aunque las viviendas multifamiliares pueden ser una inversión rentable debido a su potencial de alquiler, no son adecuadas para todos. Mantener una propiedad grande de varias unidades conlleva mucho tiempo, lo que puede interferir con su estilo de vida.

Si planeas alquilar las unidades, serás responsable de seleccionar a los inquilinos, ejecutar los contratos de arrendamiento, manejar las reparaciones y más. Ser propietario puede ser difícil y llevar mucho tiempo, así que asegúrate de considerar si estás listo para ese compromiso antes de comprar una casa multifamiliar.

Una desventaja en la compra inicial de propiedades multifamiliares es considerar el pago inicial. Los costos de compra y financiamiento pueden ser más altos, lo que puede ser un obstáculo para algunos primeros compradores de vivienda o inversionistas.

El riesgo de tener varias unidades vacantes simultáneamente origina pérdida de ingresos por alquiler, especialmente si varias unidades están desocupadas al mismo tiempo. La posibilidad de conflictos entre inquilinos es también una desventaja potencial. La convivencia cercana puede dar lugar a disputas vecinales, lo que podría requerir una gestión más activa por parte suya.

Considerar los cambios en el mercado de alquiler que también pueden afectar las casas multifamiliares. Factores económicos y demográficos pueden tener un impacto significativo en la demanda y rentabilidad de estas propiedades.

No importa qué tipo de propiedad elijas, es importante considerar que los bienes raíces han sido históricamente una de las mejores formas de generar riqueza, invirtiendo para un futuro mejor hoy.

## CONDOMINIOS

Los condominios son unidades de vivienda dentro de edificios más grandes que suelen compartir áreas comunes y servicios con otros propietarios. Pueden variar en tamaño y diseño, desde los más simples hasta unidades más amplias y lujosas. La ubicación de los condominios puede ser tanto una zona urbana como suburbana.

A diferencia de las casas unifamiliares, los condominios implican la propiedad compartida de áreas comunes como pasillos, áreas de recreación, piscinas y gimnasios. Los propietarios pagan una tarifa de condominio para el mantenimiento y uso de estas áreas.

Tienen en su mayoría una administración que toma de decisiones sobre áreas comunes y que están a cargo de una asociación de condominios formada por los propietarios. Esta asociación establece reglas y regulaciones para el uso de espacios compartidos.

La responsabilidad del mantenimiento exterior, jardinería y reparaciones comunes suele ser compartida entre los propietarios, lo que puede aliviar la carga de trabajo individual.

Así mismo, muchos de estas asociaciones ofrecen servicios compartidos como seguridad, conserjería, gimnasios y áreas de recreación, brindando comodidades que pueden ser más costosas en una casa unifamiliar.

La presencia de sistemas de seguridad y el hecho de que los vecinos estén cerca pueden contribuir a un ambiente más seguro en comparación con propiedades aisladas.

El precio de reventa también se basa en la evaluación del mercado local, la ubicación, las comodidades del edificio y el estado general de la propiedad. Los propietarios pagan tarifas mensuales que pueden tener un promedio que oscilan entre $ 100 USD y $ 700 USD por mes, aunque estas tarifas pueden ser mucho más altas según las comodidades que cubran como el mantenimiento tanto interior como exterior del edificio, abarcando áreas comunes como estacionamientos, lavanderías, gimnasios y sistemas mecánicos.

En lo que a seguridad se refiere, pueden ir desde cámaras hasta guardias de seguridad, servicios públicos como agua, alcantarillado y basura, y a veces incluso calefacción, electricidad, cable y Wi-Fi.

Además, las tarifas cubren una póliza de seguro para exteriores y áreas comunes compartidas. Un fondo de reserva mensual se destina a gastos no frecuentes, como pavimentación, retechado y otras mejoras estructurales asegurando una gestión efectiva y sostenible del condominio.

En resumen, los condominios ofrecen ventajas como mantenimiento compartido, servicios y ubicaciones céntricas, pero también tienen consideraciones importantes como tarifas mensuales de condominio y reglas asociativas. Es crucial tener en cuenta las condiciones financieras, las regulaciones y la evaluación del mercado local para tomar una decisión informada.

# CASAS MANUFACTURADAS, MODULARES Y MÓVILES

Las casas móviles como las casas prefabricadas son estructuras construidas en una fábrica sobre un chasis fijado permanentemente antes de ser transportadas al sitio. Una casa modular, por otro lado, se construye según los mismos códigos de construcción locales, del condado y estatales que una casa construida en el sitio.

Casa móvil es un término común para referirse a las casas prefabricadas modernas. Sin embargo, las casas móviles y las casas prefabricadas se distinguieron entre sí en 1974 con la Ley Nacional de Seguridad y Construcción de Casas Móviles. La diferencia entre los dos tipos de viviendas es la fecha en que se construyeron. Según HUD, una casa construida en fábrica antes del 15 de junio de 1976 es una casa móvil, y una construida después del 15 de junio de 1976 es una casa prefabricada.

Las casas prefabricadas se construyen de acuerdo con un código administrado por el Departamento de Vivienda y Desarrollo Urbano de los Estados Unidos – HUD.

El Código de HUD, a diferencia de los códigos de construcción convencionales, requiere que las casas prefabricadas se construyan sobre un chasis permanente, y establecen estándares federales de construcción para casas prefabricadas en áreas como: El diseño de la casa, requisitos domésticos, protección térmica, sistemas eléctricos y de plomería, seguridad contra incendios y eficiencia energética, entre otros.

Cuando se trata de comparar casas prefabricadas y modulares, otro factor que puede diferenciarlas es el tipo de cimientos que se suelen utilizar para cada una. Una casa prefabricada tiene una base de pilares y vigas, generalmente puede ser reubicada por un contratista especializado. Dependiendo de factores como dónde se ubicará la casa, las casas prefabricadas también se pueden colocar sobre una base permanente.

Al igual que las casas prefabricadas, las casas modulares se construyen dentro de las instalaciones del edificio y luego se transportan al sitio de la casa.

La principal diferencia entre las casas prefabricadas y las modulares es que las casas prefabricadas se construyen según el código nacional de HUD, mientras que las casas modulares se construyen según a todos los códigos de construcción estatales y locales aplicables.

Las casas prefabricadas pueden convertirse en bienes inmuebles cuando se fijan permanentemente al suelo. Pero las casas móviles, que pueden moverse de un lugar a otro, generalmente pagan impuestos similares a los vehículos y, por lo tanto, se deprecian en valor. Las casas modulares se clasifican legalmente como bienes inmuebles, mientras que las casas prefabricadas o móviles se consideran propiedad personal.

En resumen, si bien estos tipos de viviendas pueden ser similares en su construcción, tienen diferentes implicaciones para los compradores de viviendas.

Las casas modulares pueden ser difíciles de diferenciar de otras casas y deben cumplir con los códigos y estándares de construcción locales, mientras que las casas prefabricadas deben de cumplir con los códigos de construcción establecidos por HUD. Con otras consideraciones como la personalización y las opciones hipotecarias, conocer la diferencia entre las casas modulares y las prefabricadas te ayudará a tomar la decisión correcta.

Hemos explorado juntos la magia que se esconde en cada rincón de una propiedad. Desde la primera impresión hasta los detalles más íntimos, has descubierto cómo cada elemento contribuye a crear esa conexión única que buscas.

Este capítulo ha sido un viaje de autodescubrimiento y afinación de tus preferencias, acercándote cada vez más al lugar que llamarás tu hogar. Celebremos juntos la continuación del recorrido de este viaje, donde la visión se convierte en realidad y un nuevo capítulo comienza en tu vida.

# CAPÍTULO VI: **PRÉSTAMOS HIPOTECARIOS**

---

*El éxito financiero no llega por casualidad; es el resultado de elecciones consistentes y esfuerzo a lo largo del tiempo.*

---

Este capítulo te llevará a un viaje por el universo de los «préstamos hipotecarios», un paso vital en tu camino hacia tu casa propia. Este proceso requiere comprensión y planificación detallada.

Aquí, no estamos solo hablando de solicitar un préstamo hipotecario; pero de construir juntos el puente que te llevará directo a tu casa deseada. Imagina cada página como un paso más cerca de sostener las llaves de tu propio paraíso. En estas líneas, no solo encontrarás información útil, sino también la chispa que transformará la obtención de tu préstamo en una experiencia emocionante. Estos pasos no solo son administrativos; son los cimientos de tu futura casa.

## ¿QUÉ ES Y CÓMO OBTENER UN PRÉSTAMO HIPOTECARIO?

Obtener un préstamo hipotecario es un paso significativo en la vida financiera de una persona y requiere una planificación detallada para asegurarse de obtener las mejores condiciones posibles.

Este tipo de préstamo utiliza la propiedad como garantía, lo que significa que, si el prestatario no cumple con los pagos, el prestamista tiene el derecho de tomar posesión de la propiedad a través de un proceso llamado ejecución hipotecaria. Los términos y condiciones de un crédito hipotecario son distintas a las de otro tipo de créditos. Tienen ventajas respecto a la cantidad de dinero que se presta y otras desventajas respecto a cláusulas y estipulaciones, en caso de que no puedas cumplir con los pagos.

Antes de solicitar un préstamo, evalúa tu situación financiera. Calcula tus ingresos, gastos mensuales, deudas existentes y cuánto puedes pagar mensualmente para la hipoteca. También es importante revisar tu historial crediticio, revisar tu puntaje y corregir cualquier error antes de aplicar. Es importante comprender completamente los términos del préstamo, incluyendo la tasa de interés, el plazo del préstamo, los pagos mensuales, los costos de cierre y cualquier condición especial. Pregunta sobre las fluctuaciones de la tasa de interés si se trata de un préstamo con tasa variable. Pregunta sobre cualquier punto que no entiendas y asegúrate de conocer todas las opciones disponibles.

Antes de firmar, lee detenidamente el contrato. Asegúrate de comprender todos los términos y condiciones. Pregunta sobre cualquier detalle que no esté claro, no firmes por firmar.

# ¿CÓMO TRABAJA EL CRÉDITO HIPOTECARIO?

El proceso comienza con la solicitud de un crédito hipotecario ante un prestamista, que puede ser un banco, una cooperativa de crédito o una entidad financiera. El banco va a requerir que proporciones una información detallada sobre tus ingresos, deudas y otros aspectos financieros.

Este proceso va a ser considerado como una evaluación preliminar de tu capacidad para obtener un préstamo en función de la información proporcionada, y requiere de una preparación y organización meditadas.

# ¿QUÉ DOCUMENTACIÓN NECESITAS?

### Comprobante de ingresos actuales:

Recibos de nómina de los últimos 30 días en el caso de los empleados o estados de pérdidas y ganancias en el caso de quienes trabajan por cuenta propia.

### Comprobante de historial de ingresos:

Formularios W-2, 1099 y declaraciones de impuestos de los últimos dos años, además de la documentación correspondiente a cualquier otra fuente de ingresos.

### Comprobante de activos:

Los dos estados de cuenta más recientes de tus cuentas bancarias y de inversión.

### Información de deudas:

Una lista de deudas actuales, incluidas las tarjetas de crédito, préstamos para vehículos, préstamos estudiantiles y cualquier otro préstamo pendiente.

### Documento de identidad:

Tu número de seguro social y una identificación válida expedida por el gobierno (un pasaporte o una licencia de conducir).

**Prueba de fondos:**

Esta podría ser amparada por el comprobante de activos, pero si los fondos son una donación y no ingresos ganados, es posible que necesites una declaración de parte del donante en la que confirme la donación.

El prestamista realizará una evaluación del riesgo crediticio mediante tu historial de crédito. Esto implica revisar tu historial crediticio, puntaje, ingresos y deudas. Cuanto mejor sea el historial del prestatario, más favorable será la tasa de interés y las condiciones del préstamo.

# APLICACIÓN PARA EL PRÉSTAMO HIPOTECARIO

Uno de los primeros pasos que se realizan es completar la Solicitud de Aplicación para el Préstamo. Esta se conoce como Solicitud Uniforme para Préstamo Hipotecario Residencial o Uniform Residential Loan Application (Forma: 1003).

Esta aplicación es la que muestra toda tu información personal y financiera. Por ejemplo, fecha de nacimiento, estado civil, tus ingresos mensuales, si trabajas a tiempo completo, cargo que ocupas, la información de tu empleador, o si trabajas por tu cuenta el nombre de tu negocio, tiempo que tiene tu negocio, tu dirección actual, direcciones anteriores, las obligaciones crediticias, los balances adeudados, etc. Así mismo, preguntas en las que tienes que contestar Sí o No. Por ejemplo, ¿Está usted obligado a pagar manutención alimenticia? ¿Es usted parte de una demanda judicial? ¿Se ha declarado en bancarrota en los últimos 7 años? etc.

Una vez completada esta forma, se presenta al funcionario o underwriter para la evaluación correspondiente de elegibilidad, y otorgamiento del préstamo juntamente con la documentación que comprueba la información declarada en esta Forma 1003. Ten presente que tu firma en esta aplicación 1003, es de suma importancia y que antes de firmala te tomes el tiempo de leer cada información declarada para estar seguro de que es correcta. NO debes de firmar una aplicación 1003 donde la información no coincide con tu informe personal. Recuerda que al firmar la aplicación estás aceptando y confirmando que la información es correcta.

Una vez que tu oferta en la propiedad que eligió el contrato de compra es ejecutada, entonces el banco solicitará la tasación de la propiedad que estás adquiriendo para determinar su valor de mercado. El prestamista quiere asegurarse de que el monto del préstamo no exceda el valor de la propiedad, lo que se conoce como el préstamo sobre el valor de la vivienda (LTV).

Una vez completada la evaluación del riesgo crediticio y la tasación de la propiedad, el prestamista aprueba el préstamo. En este proceso, se establecen los términos específicos, como la tasa de interés, el plazo del préstamo y otros detalles.

El banco te solicitará que firmes el contrato hipotecario correspondiente, que es un acuerdo legal que establece los términos y condiciones del préstamo, y en el cual incluirá en detalle los pagos mensuales, la duración del préstamo y las condiciones particulares del prestamista.

*To be completed by the Lender:*
Lender Loan No./Universal Loan Identifier ________________ Agency Case No. ________________

## Uniform Residential Loan Application

**Verify and complete the information on this application.** If you are applying for this loan with others, each additional Borrower must provide information as directed by your Lender.

### Section 1: Borrower Information.
This section asks about your personal information and your income from employment and other sources, such as retirement, that you want considered to qualify for this loan.

#### 1a. Personal Information

**Name** *(First, Middle, Last, Suffix)*

**Alternate Names** - *List any names by which you are known or any names under which credit was previously received (First, Middle, Last, Suffix)*

**Social Security Number** ________________
*(or Individual Taxpayer Identification Number)*

**Date of Birth** *(mm/dd/yyyy)* ________________

**Citizenship**
○ U.S. Citizen
○ Permanent Resident Alien
○ Non-Permanent Resident Alien

**Type of Credit**
○ I am applying for **individual credit.**
○ I am applying for **joint credit.** Total Number of Borrowers: ____
Each Borrower intends to apply for joint credit. *Your initials:* ____

**List Name(s) of Other Borrower(s) Applying for this Loan**
*(First, Middle, Last, Suffix)*

**Marital Status**
○ Married
○ Separated
○ Unmarried
*(Single, Divorced, Widowed, Civil Union, Domestic Partnership, Registered Reciprocal Beneficiary Relationship)*

**Dependents** *(not listed by another Borrower)*
Number ____
Ages ________________

**Contact Information**
Home Phone ________________
Cell Phone ________________
Work Phone ________________ Ext. ____
Email ________________

**Current Address**
Street ________________ Unit # ____
City ________________ State ____ ZIP ____ Country ________________
How Long at Current Address? ____ Years ____ Months **Housing** ○ No primary housing expense ○ Own ○ Rent ($________/month)

**If at Current Address for LESS than 2 years, list Former Address** ☐ *Does not apply*
Street ________________ Unit # ____
City ________________ State ____ ZIP ____ Country ________________
How Long at Former Address? ____ Years ____ Months **Housing** ○ No primary housing expense ○ Own ○ Rent ($________/month)

**Mailing Address** - *if different from Current Address* ☑ *Does not apply*
Street ________________ Unit # ____
City ________________ State ____ ZIP ____ Country ________________

#### 1b. Current Employment/Self-Employment and Income
☑ *Does not apply*

**Employer or Business Name** ________________ Phone ________________
Street ________________ Unit # ____
City ________________ State ____ ZIP ____ Country ________________

**Position or Title** ________________
**Start Date** ________________ *(mm/dd/yyyy)*
How long in this line of work? ____ Years ____ Months

**Check if this statement applies:**
☐ I am employed by a family member, property seller, real estate agent, or other party to the transaction.

☐ **Check if you are the Business Owner or Self-Employed**
○ I have an ownership share of less than 25%.
○ I have an ownership share of 25% or more.
**Monthly Income (or Loss)** $ ________________

**Gross Monthly Income**

| | | |
|---|---|---|
| Base | $________ | /month |
| Overtime | $________ | /month |
| Bonus | $________ | /month |
| Commission | $________ | /month |
| Military Entitlements | $________ | /month |
| Other | $________ | /month |
| TOTAL | $________ | **/ month** |

Uniform Residential Loan Application - Borrower
Freddie Mac Form 65 • Fannie Mae Form 1003
Effective 1/2021

Calyx Form - URLA_1_Individual.frm (04/2020)

Es importante recalcar que los términos tienen que coincidir con los términos iniciales que te mostraron durante el proceso de preaprobación, incluyendo los cargos por la otorgación del préstamo y costos de cierre.

Una vez firmado el contrato, el prestamista desembolsa los fondos al vendedor de la propiedad o a la institución financiera que está vendiendo la propiedad. Este proceso se realiza en la fecha de cierre, cuando se completa la transacción y el prestatario adquiere oficialmente la propiedad.

Ten en consideración que, el proceso puede variar según la región y las leyes locales, y la participación de profesionales como abogados y agentes de bienes raíces es común en muchas transacciones hipotecarias.

## CÓMO TRABAJAN LAS TASAS DE INTERÉS

Las tasas de interés son un aspecto crítico del mercado hipotecario, y comúnmente conocidas como:

**Tasas fijas**: Las tasas de interés fijas permanecen constantes a lo largo de la vida del préstamo. Esto proporciona previsibilidad en los pagos mensuales.

**Tasas variables o ajustables**: Las tasas de interés variables pueden cambiar con el tiempo, generalmente después de un período inicial fijo. Esto puede llevar a pagos mensuales que fluctúan.

Las tasas de interés marcan el pulso del mercado, guiando las decisiones claves en la obtención de préstamos hipotecarios, y a nivel nacional suelen estar influenciadas por las decisiones de la Reserva Federal que dependen de varios factores como:

### Política monetaria:

Las decisiones de la Reserva Federal en cuanto a las tasas de interés de referencia pueden influir en las tasas hipotecarias.

### Situación económica:

El estado de la economía, incluido el crecimiento económico y la inflación, puede afectar las tasas.

**La Oferta y La Demanda:**

La oferta y la demanda en el mercado de viviendas pueden influir en las tasas. En momentos de alta demanda, las tasas pueden subir.

**Calificación crediticia:**

El historial crediticio y puntaje crédito pueden influir en la tasa que te ofrecen los prestamistas.

## ¿CÓMO OBTENER LA MEJOR TASA DE INTERÉS?

Obtener la mejor tasa de interés en un préstamo hipotecario es crucial, ya que puede tener un impacto significativo en el costo total de la vivienda a lo largo del tiempo.

El factor más influyente en este proceso es el <<**historial crediticio**>>.

Ofrecer un pago inicial considerablc, los bancos consideran ideal un 20%, ya que mientras más baja sea la relación del préstamo con el valor de la propiedad (Loan-To-Value) el prestamista mejora los términos y condiciones del préstamo que incluyen las tasas de interés. Otro factor importante es la cantidad de deudas que tenga en el momento de decidirse a comprar una propiedad. Es una excelente idea reducir los balances de sus deudas para mejorar la relación deuda-ingreso, ya que el prestamista lo considera menos riesgoso.

## ¿CUÁL ES LA DIFERENCIA ENTRE LA TASA DE INTERÉS Y LA TASA PORCENTUAL ANUAL?

La tasa de interés y la tasa porcentual anual conocida por sus siglas en inglés: APR, son conceptos relacionados en el ámbito financiero, pero representan distintos aspectos de un préstamo.

Saber tanto la tasa de interés como la tasa porcentual anual (APR) le beneficia proporcionándole una comprensión completa del costo real de un préstamo que está adquiriendo.

La tasa de interés es el costo que un prestatario paga al prestamista por el uso del dinero prestado.

Se expresa como un porcentaje del monto del préstamo y determina la cantidad de intereses que acumularás a lo largo del tiempo.

La tasa de interés puede ser fija o variable.

La tasa porcentual anual (APR) es un indicador más completo del costo total de un préstamo, ya que incluye la tasa de interés y otros costos asociados con el préstamo.

A diferencia de la tasa de interés, la APR puede incluir cargos como puntos, costos de cierre, seguros y otros gastos relacionados con la obtención del préstamo.

La APR se expresa como un porcentaje anual y refleja el costo total de pedir dinero prestado en términos anuales.

La tasa de interés se centra exclusivamente en el costo del dinero prestado a través de los intereses. En contraste, la APR abarca no solo la tasa de interés, sino también otros cargos asociados con el préstamo, proporcionando una visión más completa del costo financiero.

Supongamos que tomas un préstamo con una tasa de interés del 5%. Esta tasa de interés solo considera el costo del dinero prestado, pero si hay otros costos asociados, como cargos por cierre, la APR será más alta que el 5% para reflejar esos costos adicionales siendo este porcentaje un poco más alto.

En resumen, mientras que la tasa de interés es el costo directo del dinero prestado, la APR es una medida más completa del costo total del préstamo, ya que incluye otros cargos.

Al evaluar préstamos, es crucial considerar tanto la tasa de interés como la APR para tomar decisiones informadas sobre cuál es la opción más favorable financieramente y estará mejor posicionado para negociar algunos de los términos del préstamo y buscar reducciones en ciertos cargos y obtener condiciones más favorables.

## TIPOS DE PRÉSTAMOS HIPOTECARIOS

Existen diferentes tipos de préstamos hipotecarios comúnmente ofrecidos para primeros compradores:

### Préstamos convencionales

Es un préstamo convencional de pago inicial bajo respaldado por Fannie Mae, y es ideal para compradores de vivienda con ingresos y puntajes crediticios superiores al promedio.

### Préstamos - *homeready*

Es un préstamo convencional de bajo pago inicial para compradores con ingresos bajos a moderados que prefieren tasas fijas de interés. Los compradores de vivienda que utilizan *homeready* obtienen tasas hipotecarias con descuento de puntos porcentuales y primas de seguro hipotecario privado (PMI) con descuento.

### Préstamos - *homepossible*

Es un préstamo convencional de Freddie Mac dirigidos a compradores de vivienda de bajos a moderados ingresos con un puntaje de crédito mínimo de 660 hacer un pago inicial del 3% en una casa. Freddie Mac descuenta las tasas hipotecarias de home possible puntos porcentuales y también descuenta las primas del seguro hipotecario privado (PMI). Home possible es solo para residencias principales.

## Préstamos - FHA

Es un préstamo para compradores de viviendas con puntajes de crédito más bajos e ingresos moderados a altos, incluye propiedades multifamiliares de 1-4 unidades.

Son hipotecas de pago inicial bajo aseguradas por la Administración Federal de Vivienda conocida por sus siglas en inglés: FHA. Requiere un mínimo de 3.5% de pago inicial y el puntaje de crédito mínimo para un préstamo FHA es de 580. Usted puede calificar con un puntaje tan bajo como 500, pero deberá hacer un pago inicial de un mínimo del 10%.

## Préstamos - USDA

Es un préstamo para compradores de viviendas en zonas suburbanas y rurales del país. Estos son préstamos hipotecarios sin pago inicial garantizados por el Departamento de Agricultura de los Estados Unidos. Las hipotecas del USDA están disponibles en áreas de baja densidad. Puntajes de crédito mínimo de 580 y reducción de las primas del seguro hipotecario. Se aplican restricciones de ingresos.

## Préstamos VA

Es un préstamo dirigido para compradores de vivienda con experiencia militar actual o previa. Estas hipotecas no requieren pago inicial y no se requiere tampoco seguro hipotecario. Están disponibles para militares en servicio activo, veteranos, miembros de la Guardia Nacional y de las Reservas, y cónyuges sobrevivientes. Las tasas hipotecarias del VA suelen ser más bajas que las tasas hipotecarias convencionales y de la FHA porque el Departamento de Asuntos de Veteranos garantiza las hipotecas del VA contra pérdidas.

## Fannie Mae - Homepath - Ready buyer mortgage

La hipoteca lista para compradores de vivienda es un préstamo para compradores con ingresos bajos o moderados que desean comprar casas con descuento tal como están. Las propiedades están disponibles en 50 estados y pueden incluir condominios, casas adosadas, casas unifamiliares y propiedades multifamiliares.

La compra de una casa *homepath* está estandarizada porque el vendedor es una agencia del gobierno de los EE. UU. Fannie Mae no acepta ofertas por casas de *homepath* que dependan de la venta de otra casa. Contingencias, como la hipoteca, la tasación y la inspección de la vivienda, se consideran caso por caso.

## Préstamos conformes

Una hipoteca conforme es un tipo de hipoteca convencional, o una hipoteca no respaldada por una agencia gubernamental como la FHA. Estas hipotecas cumplen con los límites de préstamo establecidos por la Agencia Federal de Financiamiento de la Vivienda (FHFA, por sus siglas en inglés). La FHFA establece el límite para los préstamos conformes cada año, y en 2023, el límite es de $726,200 en la mayor parte de los EE. UU.

## Préstamos jumbo

Un préstamo jumbo es un tipo de préstamo convencional que excede los límites de préstamo establecidos por la Agencia Federal de Financiamiento de la Vivienda (FHFA, por sus siglas en inglés) para Fannie Mae y Freddie Mac. Los requisitos de elegibilidad para las hipotecas jumbo son un poco más estrictos que para las hipotecas conformes, porque los prestamistas están asumiendo un mayor riesgo al prestarle más dinero.

## Hipoteca inversa

Las hipotecas inversas permiten a los propietarios de viviendas de 62 años o más retirar parte del valor neto de su vivienda como un flujo regular de ingresos o como una suma global. Aunque no tendrá que hacer pagos hipotecarios mensuales, sí tendrá que seguir pagando los impuestos a la propiedad y el seguro del propietario, y mantener su vivienda en buenas condiciones.

## Préstamos para la construcción

Son préstamos que financian la construcción de una casa residencial, desde la compra del terreno hasta la estructura terminada. Los intereses de este tipo de préstamos ofrecen tasas más altas que las regulares, y son generalmente a corto plazo.

# PROGRAMAS GUBERNAMENTALES, SUBVENCIONES Y CRÉDITOS FISCALES

Los compradores de vivienda pueden acceder a exenciones fiscales, subvenciones en efectivo e incentivos que no están disponibles para la población en general. Algunos programas se aplican automáticamente y otros requieren una aplicación separada. La asistencia para compradores de vivienda puede oscilar entre $500 USD y $50,000 USD en efectivo.

Las hipotecas perdonables son aquellos préstamos hipotecarios marcados como satisfechos después de que un comprador cumple con ciertas condiciones predeterminadas, generalmente haciendo pagos hipotecarios a tiempo durante un número específico de años. También se ofrece el programa de descuento para viviendas que vende casas con un 50% de descuento a compradores que tengan las siguientes calificaciones: maestro, bombero, técnico de emergencias médicas y oficial de la ley. Las hipotecas de asistencia para el pago inicial están enfocadas en asistir a los primeros compradores con el típico pago inicial en efectivo. Dos tipos de asistencia para el pago inicial son los préstamos para el pago inicial y las hipotecas diferidas.

En adición, los primeros compradores pueden recibir si son elegibles asistencia para cubrir los costos de cierre en su totalidad, costos hipotecarios, tarifas del título y los impuestos gubernamentales estatales y locales.

**Visita:**

**https://www.ncsha.org/homeowner-assistance-fund/espanol/**

**https://www.nhfloan.org/programs.html**

**https://www.ncsha.org**

Existen varios tipos de instituciones financieras, entre las cuales están:

## Bancos tradicionales:

Los bancos tradicionales incluyen bancos minoristas, cooperativas de crédito y bancos comunitarios. Son mejores para los compradores de viviendas que prefieren una hipoteca de tasa fija a 30 años y desean comprar una casa en un plazo de compra más largo.

Los bancos tradicionales tienen un conjunto limitado de productos hipotecarios, y las tasas de interés y las tarifas suelen ser más altas que los promedios de la industria. Los consumidores pueden elegir su banco local porque les resulta familiar.

## Prestamistas hipotecarios corresponsales y no bancarios:

Los prestamistas hipotecarios corresponsales y no bancarios son los mejores para los compradores de viviendas que desean una hipoteca de tasa fija o ajustable y prefieren una comunicación rápida. Los prestamistas corresponsales y no bancarios utilizan equipos de ventas dedicados, lo que brinda a los compradores de viviendas una mejor atención y una comunicación más rápida.

Así mismo, tienden a ofrecer más productos hipotecarios que los bancos tradicionales, y ofrecen una gama más amplia de tasas de interés hipotecarias.

## Agentes hipotecarios:

Un Agente hipotecario conocido en inglés como: *Mortgage Broker* es una empresa que busca hipotecas en su nombre, buscando en un gran número de empresas una combinación justa de tasas y tarifas hipotecarias. A cambio de este servicio, los agentes hipotecarios cobran una comisión a los compradores o prestamista. Un corredor puede preaprobar su hipoteca, pero no puede emitir una aprobación final sin la ayuda del prestamista. Los agentes hipotecarios son los mejores para los compradores de viviendas con necesidades hipotecarias únicas, incluidos productos especializados y financiamiento alternativo.

Debido a que los corredores son intermediarios con miles de relaciones con prestamistas, su ventaja competitiva se encuentra en situaciones hipotecarias atípicas. Los compradores de viviendas que trabajan por cuenta propia o cuyas hipotecas exceden los límites de préstamo conformes, a menudo encuentran sus mejores tasas y términos hipotecarios con un corredor hipotecario.

La idea es elegir un prestamista hipotecario que le brinde el mejor servicio para sus necesidades y objetivos. Haga su debida diligencia e investigue los diferentes tipos de prestamistas hipotecarios.

Los compradores de vivienda primerizos e incluso dueños de casas quieren trabajar con un prestamista que pueda proporcionar respuestas detalladas a sus preguntas y explicarles todas sus opciones hipotecarias.

Recuerda que las tasas de interés hipotecarias están influenciadas por la Reserva Federal. Lo que quiere decir que, cuando la Reserva Federal encarece los préstamos de los bancos, los bancos trasladan el costo a los consumidores y aumentan las tasas hipotecarias.

Si desea reducir su tasa, algunos prestamistas permiten que los prestatarios reduzcan sus tasas hipotecarias mediante la compra de puntos hipotecarios. Hacer las preguntas correctas en función de su situación financiera personal le ayudará a tomar las mejores decisiones y a obtener la mejor hipoteca posible.

## ¿CUÁLES SON LOS COSTOS TÍPICOS INCLUIDOS EN EL PAGO DE UNA HIPOTECA?

Los términos «capital» e «interés» son los más comunes que describen lo que está pidiendo prestado y cuánto le costará; pero hay otros costos además de estos que conforman el pago total de su hipoteca. En conjunto estos costos se conocen como: PITI

P = Principal
I = Interés
T = *Taxes* - Impuestos
I = *Insurance* – Aseguranza de Propietario.

## Principal:

Esta es la cantidad que le pidió prestada al prestamista.

## Interés

Es lo es lo que el prestamista le cobra por prestarle el dinero. Las tasas de interés se expresan como un porcentaje anual.

## *Property taxes* - Impuesto a la propiedad

Las autoridades locales evalúan un impuesto anual sobre su propiedad. Si tiene una cuenta de depósito en garantía, paga aproximadamente una doceava parte de su factura anual de impuestos con cada pago mensual de la hipoteca.

## *Homeowners insurance* – Aseguranza de la vivienda:

Es la póliza de seguro para cubrir daños y pérdidas financieras por incendios, tormentas, robos, la caída de un árbol sobre su casa y otros peligros que su prestamista está utilizando como garantía para garantizar su préstamo.

PITI no refleja las primas de seguro hipotecario que pueda tener que pagar, ni las cuotas de la Asociación de Propietarios si está comprando una propiedad que incluya una asociación de propietarios.

## *Mortgage Insurance* – Seguro al préstamo:

Si tu pago inicial es inferior al 20% del precio de compra de la vivienda, es probable que tenga que pagar un seguro hipotecario, que, aunque no se refleja en el PITI, también se agrega a su pago mensual.

## *Homeowner Association* – Asociación de propietarios

Es responsable del costo de mantenimiento que se paga mensualmente para cubrir las áreas comunes como estacionamientos, caminos vecinales, jardinería, costos de mejoras, algunas de las utilidades, etc.

En resumen, es un préstamo hipotecario mucho más versátil de lo que la gente puede pensar a simple vista. Aunque es una excelente herramienta para hacerse de un inmueble y formar un patrimonio, debe siempre fijarse en las condiciones en las que acepta los términos del crédito hipotecario. El obtener el mejor interés para préstamos hipotecarios tiene impactos significativos en la asequibilidad y el costo total de la vivienda. Dedicar tiempo a buscar y negociar las mejores condiciones contribuye a una experiencia hipotecaria más favorable y sostenible.

Mientras cerramos este capítulo, también abrimos la puerta a nuevas oportunidades y desafíos emocionantes. Cada cierre es la apertura de un nuevo comienzo en este viaje. ¿Estás listo para lo que viene después? La siguiente página nos espera con más conocimientos, más estrategias y más historias inspiradoras.

# CAPÍTULO VII: **PROGRAMAS DE ASISTENCIA PARA EL PAGO INICIAL DE LA COMPRA DE UNA VIVIENDA**

---

*Imagina tu futuro donde el pago inicial ya no es un desafío, brindándote la oportunidad de dar el salto hacia tu casa propia.*

---

Uno de los obstáculos que enfrentan muchas personas cuando deciden comprar una casa es el pago inicial. Sabemos que es un desafío grande, pero no permitas que eso te detenga. Aunque realísticamente es un hecho que cuanto más puedas dar por la cuota inicial, menor será tu pago hipotecario mensual.

La mayoría de los préstamos hipotecarios requieren un pago inicial mínimo del 3% del precio de venta, pero los prestamistas hipotecarios tradicionalmente consideran que el 20% es el pago inicial ideal. Los programas de asistencia para el pago inicial están diseñados para hacer realidad su sueño de la casa propia. Imagínese comprar su casa sin el peso financiero abrumador al principio, es real. Estos programas están aquí para proporcionarte el impulso que necesitas con todas las opciones disponibles para facilitarle el camino hacia la casa de tus sueños.

Los precios de las viviendas en Estados Unidos han alcanzado nuevas alturas, y el pago inicial promedio en el segundo trimestre de 2023 fue de $31.500 USD aproximadamente, según un informe del proveedor de datos inmobiliarios ATTOM, un 19% más que en el trimestre anterior.

En un análisis de asequibilidad de la vivienda realizado en septiembre 2023, ATTOM señaló que los aumentos en los precios de las viviendas y las tasas hipotecarias han seguido impulsando los gastos más allá de lo que ganan muchos estadounidenses, dejando de lado a los posibles compradores de vivienda en todo el país. Afortunadamente, existen estos programas que pueden ayudar a cubrir el pago inicial de la compra de su vivienda.

El programa de asistencia para el pago inicial es conocido como por sus siglas en inglés: «DPA». Estos programas pueden proporcionar a los compradores de casa calificados la capacidad de proveer la cuota inicial y hasta un 100% de financiamiento y, en algunos casos, pueden incluir los costos de cierre.

*Down Payment Assistance* se puede utilizar con programas de préstamos convencionales y gubernamentales. Cada uno tiene sus propias ventajas distintivas y pueden ser excelente opciones para los primeros compradores de vivienda que no cuentan con el pago inicial.

Ten presente que esta asistencia varía dependiendo de la ubicación y la organización que la ofrece, pero la meta es convertir el sueño de tu casa propia en una realidad tangible.

## ¿CÓMO FUNCIONA LA ASISTENCIA PARA LA CUOTA INICIAL?

La asistencia para el pago inicial generalmente viene en forma de subvenciones, préstamos, pagos diferidos entre otros. Para obtener asistencia para el pago inicial, tiene primero que calificar para una hipoteca y cumplir con los requisitos de ingresos y crédito de su prestamista, así como con las pautas del DPA. La asistencia para el pago inicial es un proceso independiente, que se lleva a cabo de manera coordinada con el préstamo hipotecario principal.

Alrededor del 75% de los programas de DPA ofrecen una subvención en efectivo para la compra de una vivienda que pueden utilizarse para la cuota inicial y costos de cierre.

El DPA también puede venir en forma de préstamos con intereses bajos o nulos, créditos fiscales o préstamos perdonables. Estos programas usualmente se otorgan como una segunda hipoteca y, por lo general, son lo suficientemente grandes como para cubrir todo el pago inicial requerido.

La cantidad de fondos del DPA que una persona puede obtener depende del costo de la vivienda que desea comprar.

## EXISTEN CUATRO TIPOS PRINCIPALES DE ASISTENCIA PARA EL PAGO INICIAL

1. **Subvenciones**

Esta es la forma más ideal de DPA porque se considera un regalo y el comprador de casa no tendrá que devolverlo. Sin embargo, asegúrese de leer los términos porque esto podría crear un gravamen sobre su casa. Un gravamen no es algo de lo que preocuparse, pero es importante recordarlo en el futuro si desea vender su casa.

**2. Prestamos perdonables**

Es esencialmente una segunda hipoteca que no tendrá que pagar siempre y cuando cumpla con los requisitos mínimos para no requerir el reembolso del este préstamo. Uno de los posibles criterios es que tenga que vivir en la casa durante un cierto número de años como su residencia principal. Sin embargo, los requisitos varían de un estado a otro.

**3. Préstamos diferidos**

El comprador de la vivienda no tendrá que dar el pago inicial y los costos de cierre hasta que se venda la casa, refinancie o termine el plazo del pago de su primera hipoteca.

**4. Préstamos secundarios a bajo interés**

Estos préstamos o segundas hipotecas se pagan en un período de tiempo junto con su hipoteca principal. Estos préstamos son una excelente manera de distribuir los costos del pago inicial y los costos de cierre a lo largo de varios años y bajos intereses.

"Existen más de 2000 programas en todo los Estados Unidos que brindan asistencia para el pago inicial — DPA a nivel estatal, regional y local", según lo dijo David Berenbaum, subsecretario adjunto del Departamento de Asesoramiento de Vivienda y Desarrollo Urbano. Explorar los programas de asistencia para el pago inicial es una gran oportunidad que puede cambiar su vida. ¡Descubrir el camino hacia el sueño de la casa propia está más cerca de lo que piensas!

Muchos de estos programas se ofrecen a través de entidades como la Agencia de Vivienda y Desarrollo Urbano de los EE. UU. conocida por sus siglas en inglés como HUD, autoridades estatales de financiamiento de vivienda y municipios, pero también hay algunos dirigidos por prestamistas privados y organizaciones comunitarias sin fines de lucro.

Los gobiernos estatales y municipales a menudo se asocian con prestamistas locales. Por lo general, los programas se adaptan para satisfacer las necesidades específicas de los compradores de vivienda en cada mercado individual.

# PROGRAMAS DE ASISTENCIA PARA CUOTA INICIAL

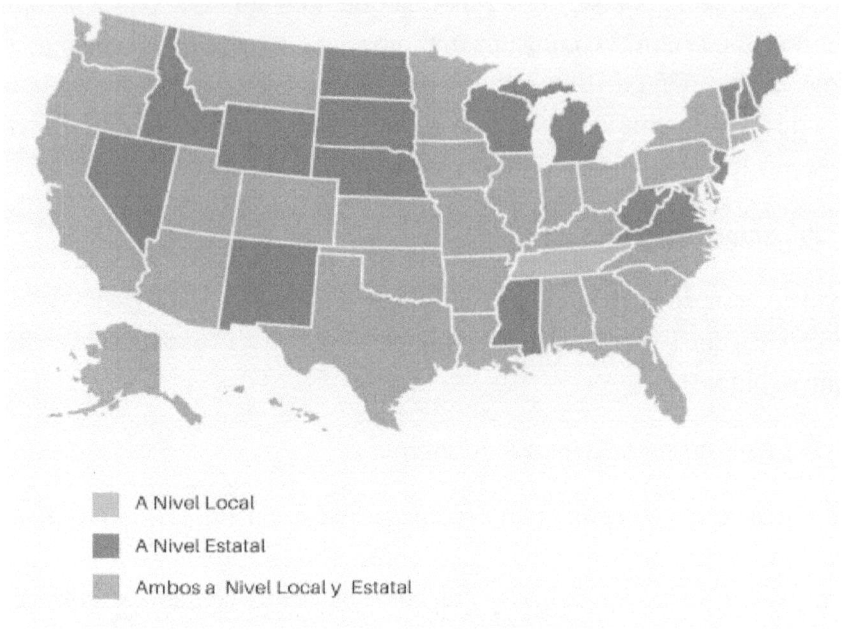


*Estados que ofrecen asistencia de dinero para comprar una casa.*
Fuente: Departamento de *Vivienda* y Desarrollo Urbano de EE. UU. -HUD

# ¿QUIÉNES CALIFICAN PARA ESTA ASISTENCIA?

Los programas de asistencia para el pago inicial suelen estar dirigidos principalmente a los primeros compradores de vivienda, familias de bajos y medianos ingresos que varía según la ubicación y el costo de vida de un área en particular. Los parámetros, por ejemplo, para un préstamo en el estado de Nueva York o California van a ser muy diferentes a los de Colorado o Arizona, porque Nueva York y California son algunos de los mercados inmobiliarios más caros del país.

Muchos de estos programan requieren que los compradores de vivienda asistan a talleres de capacitación y completen cursos de educación para compradores de vivienda sobre el proceso hipotecario y cómo mantener sus finanzas personales después de realizar la compra.

Requisitos para calificar:

- Primer comprador de vivienda.
- Ingresos bajos a moderados.
- Comprar como su residencia principal.
- Comprar dentro de los límites de precios de compra locales.
- Usar un programa hipotecario aprobado.
- Trabajar con un prestamista hipotecario aprobado.

## ¿QUIÉNES CALIFICAN COMO PRIMER COMPRADOR?

Muchos programas de asistencia para el pago inicial requieren que los solicitantes sean compradores de vivienda por primera vez. Un primer comprador es la persona que no ha sido propietario de una vivienda en tres años o más.

El Departamento de Vivienda y Desarrollo Urbano de los Estados Unidos — HUD incluye los siguientes criterios específicos para determinar quiénes califican como primeros compradores de vivienda:

- El prestatario no ha sido propietario de una vivienda en los últimos tres años.
- Un padre soltero que solo ha sido propietario de casa con su excónyuge mientras estaba casado.
- Alguien que ha sido «ama de casa» y solo ha sido propietaria de una residencia principal con su cónyuge.
- Alguien cuya casa anterior no estaba fijada a una base permanente, como una casa móvil.

Tenga en cuenta que los criterios exactos para calificar dependerán de dónde viva y qué programas estén disponibles en su área.

Además, podría obtener más dinero y calificar más fácilmente si está comprando en una de las llamadas «áreas de revitalización – FHA».

# LAS ÁREAS DE REVITALIZACIÓN — FHA

Las áreas de revitalización son áreas geográficas designadas por el Departamento de Vivienda y Desarrollo Urbano — HUD, autorizadas por el Congreso bajo las disposiciones de la Ley Nacional de Vivienda.

Las áreas de revitalización están asignadas para ser promovidas, robustecidas y vigorizadas a través de mayores oportunidades de propiedad de vivienda en estas áreas en particular.

Los criterios para designar un sector como áreas de revitalización — FHA se relacionan con:

- Ingresos del hogar.
- Porcentaje de propietarios de vivienda en el área, y
- Actividad de ejecución hipotecaria en préstamos asegurados por FHA.

Las propiedades unifamiliares propiedad de HUD ubicadas en un área de revitalización son elegibles para la venta con descuento a través de programas especiales, que incluyen:

## ÁREA DE CONTROL DE ACTIVOS (ACA)

Las propiedades embargadas transferidas a la FHA que están ubicadas en una ACA designada se ofrecen primero a la venta a un participante de la ACA.

Bajo el programa ACA, las unidades de gobierno estatales, condado y locales, así como las organizaciones sin fines de lucro aprobadas, pueden entrar en un contrato de dos años con HUD y solicitar que HUD ofrezca primero que las propiedades de FHA estén disponibles exclusivamente para los participantes de ACA. Las propiedades de ACA con un valor de tasación de $25,000 USD o menos se pueden comprar por $100 USD.

Las propiedades con un valor de tasación superior a $25,000 USD, pero inferior a $50,000 USD se ofrecen con un descuento de $24,900 USD. El resto de las demás propiedades vendidas bajo el Programa ACA se ofrecen a la venta con un descuento del 50% del valor de tasación de la propiedad.

## PROGRAMA DE VENTAS DEL BUEN VECINO DE AL LADO – GOOD NEIGHBOR NEXT DOOR - GNND:

Bajo GNND, HUD se ofrecen ciertas propiedades unifamiliares para la venta, particularmente para los agentes de la ley, maestros, bomberos y técnicos de emergencias médicas con un 50% de descuento sobre el precio de lista. HUD requerirá que firme una segunda hipoteca y una nota por el monto del descuento. No se requieren intereses ni pagos sobre esta «segunda hipoteca silenciosa» siempre que cumpla con el requisito de ocupación de 3 años. El número de propiedades disponibles es limitado y la lista de propiedades existentes cambian semanalmente.

El localizador de viviendas unifamiliares de HUD muestra mapas de propiedades REO y programas especiales como áreas de revitalización.

**Enlace:**

**https://www.huduser.gov/portal/maps/CN/home.html**

Hay muchas áreas de revitalización en todo el país, y HUD continúa trabajando con las localidades para designar nuevas áreas.

***En otros programas están:***

Los programas de propiedad de vivienda de *Housing Finance Agency* o *Housing Finance Authority* — HFA que difiere en las pautas de elegibilidad de acuerdo con el estado, pero todos tienen como objetivo promover la compra de una casa y aumentar la asequibilidad de las hipotecas para las personas de bajos y moderados ingresos. El HFA es diferente al FHA. Los programas de préstamos HFA trabajan en asociación con las autoridades de vivienda del estado, Fannie Mae y Freddie Mac, que son las agencias reguladoras en la mayoría de las hipotecas de EE. UU.

HFA ofrece una subvención o un segundo préstamo hipotecario para cubrir el pago inicial y/o los costos de cierre. Aseguranza al préstamo reducida para las personas que tienen ingresos por debajo del 80% del promedio medio — AMI.

### Mortgage Credit Certificate – MCC– Certificado de crédito hipotecario

El certificado de crédito hipotecario es un programa de crédito fiscal destinado a ayudar a los primeros compradores de vivienda a compensar parte de sus intereses hipotecarios en una nueva hipoteca. Le otorga un crédito dólar por dólar contra su obligación tributaria federal sobre la renta, por un porcentaje específico de los intereses hipotecarios que pagó. Estos créditos fiscales se pueden reclamar cuando presenta sus declaraciones de impuestos anuales ante el IRS. Otra opción es reducir sus retenciones de impuestos federales sobre la renta en su forma W-4 a través de su empleador. De esa manera, recibirá el beneficio antes mensualmente.

## ¿CÓMO Y DÓNDE ENCONTRAR LOS DOWN PAYMENT ASSISTANCE - DPA?

Cada programa es diferente, por lo que es recomendable explorar con su estado, condado y ciudad en particular para informarse de los DPA'S y de los proveedores que participan en este tipo de asistencia. El Departamento de Vivienda y Desarrollo Urbano — HUD tienen recursos y listas en línea para ayudarte a buscar programas por ubicación.

**Visita:**

**https://www.hud.gov/buying/localbuying**

La compañía ***Down Payment Resource*** también tiene una base de datos de programas y herramientas para primeros compradores de vivienda y ayudarlo a determinar su elegibilidad.

**Visita:**

**https://downpaymentresource.com/are-you-eligible/**

En general la mayoría de los compradores de vivienda se beneficiarán de los programas DPA, siempre y cuando entiendan los términos, responsabilidades y expectativas del proceso en general.

## ¿ASISTENCIA PARA LOS COSTOS DE CIERRE?

Sí. Algunos de estos programas para compradores de vivienda establecen explícitamente que estos fondos se puedan usar para el pago inicial y costos de cierre. Algunos de los programas locales de asistencia incluyen subvenciones o préstamos para los costos de cierre.

## HIPOTECAS QUE SE PUEDEN USAR JUNTAMENTE CON ASISTENCIA PARA EL PAGO INICIAL

Casi todos los programas de DPA requieren obtener un préstamo hipotecario bajo un prestamista aprobado. Las hipotecas más comunes aprobadas por DPA a menudo incluyen los programas de préstamos más populares, como:

- Préstamos conformes de Fannie Mae y Freddie Mac.
- Préstamos de la FHA (respaldados por la Administración Federal de Vivienda).
- Préstamos del VA (respaldados por el Departamento de Asuntos de Veteranos).
- Préstamos del USDA (respaldados por el Departamento de Agricultura de EE. UU.).

## PROGRAMAS DE ASISTENCIA PARA LA CUOTA INICIAL POR ESTADO — DPA

Actualmente hay disponibles un promedio de entre 2.000 y 2.500 programas de DPA en los EE. UU. Mediante los gobiernos estatales y locales, así como las organizaciones sin fines de lucro, generalmente los administran.

# Esta es una lista aproximada de los programas de cada estado a nivel nacional.

# ALABAMA — AL

La Autoridad de Financiamiento de la Vivienda de Alabama conocida por sus siglas en inglés: AHFA ofrece varios programas e iniciativas para hacer la propiedad de la vivienda más accesible y asequible para las familias. Brinda asistencia financiera para el pago inicial y subvenciones para costos de cierre.

La AHFA le prestará su pago inicial en forma de segunda hipoteca a 10 años. Ese acuerdo viene con condiciones para ser elegible.

## SUBVENCIÓN DE SUBSIDIO DE INGRESO ASEQUIBLE DE AHFA

Step Up es un programa de propiedad de vivienda diseñado específicamente para compradores de vivienda de ingresos moderados que pueden pagar una hipoteca, pero necesitan ayuda con el pago inicial. Los fondos del pago inicial están garantizados por una segunda hipoteca a 10 años y se combinan con una primera hipoteca de tasa fija a 30 años.

Dado que los préstamos son administrados por *ServiSolutions,* una división de AHFA, los propietarios de viviendas solo tienen que emitir un cheque cada mes.

Los bases de elegibilidad son:

- Préstamos convencionales, FHA, VA de HFA *Advantage.*
- Fondos de asistencia: 4% del precio de venta hasta $10,000 USD.
- Viviendas nuevas o existentes.
- Mínimo puntaje de crédito: 640.
- Relación deuda-ingresos debe ser del 45% o menos.

**Visita:**

**https://www.ahfa.com/homebuyers/programs-available/step-up**

# ALASKA — AK

La Corporación de Financiamiento de la Vivienda de Alaska conocida por sus siglas en inglés: AHFC, puede proporcionarle asistencia tanto para el pago inicial como para los costos de cierre.

## AHELP

Proporciona a los prestatarios calificados asistencia para el pago inicial que puede venir en forma de una subvención, pagos diferidos, préstamo perdonable o una combinación de estas opciones. Los fondos provienen de la red de agencias gubernamentales locales y federales, agencias sin fines de lucro y autoridades regionales de vivienda de Alaska

**Visita:**
**www.alaskacdc.org/home-opportunity-program.html**

# ARIZONA - AZ

Los compradores de vivienda en Arizona tienen la opción de elegir entre dos programas de asistencia para el pago inicial, dependiendo de la ubicación de la propiedad en donde deseen comprar. La Autoridad de Desarrollo Industrial de Arizona conocida por sus siglas en inglés: ***AZIDA***, ofrece el programa Home Plus, que proporciona hasta el 5% del saldo inicial de su nueva hipoteca.

### *HOME PLUS*

Es una segunda hipoteca diferida de tres años. Eso significa que no hay intereses ni pagos mensuales, siempre y cuando no venda o refinancie la propiedad dentro de los primeros 36 meses de ser propietario de la vivienda.

**Visita:**
**https://homeplusaz.com**

### *PATHWAY TO PURCHASE — CAMINO HACIA LA COMPRA DEL DEPARTAMENTO DE VIVIENDA DE AZ*

Proporciona una subvención del 10% para el pago inicial y los costos de cierre hasta $20,000 USD, para personas o familias que califiquen y deseen comprar vivienda en 17 ciudades seleccionadas en Arizona. Estas ciudades incluyen: Arizona City, Avondale, Buckeye, Casa Grande, Coolidge, Douglas, El Mirage, Fort Mohave, Goodyear, Huachuca City, Laveen, Maricopa, Red Rock, Sierra Vista, Snowflake, Tucson and Yuma.

**Visita:**
**https://www.downpaymentassistancearizona.com/programs/pathway-to-purchase/**

# ARKANSAS — AR

La Autoridad Financiera para el Desarrollo de Arkansas conocida por sus siglas en inglés: ADFA, tiene dos programas a considerar.

## ADFA — MOVE-UP

Ofrece a los compradores de viviendas una hipoteca «asequible» y se puede utilizar junto con un préstamo hipotecario convencional, FHA, VA o USDA.

**Visita:**
**https://homeloans.arkansas.gov/move-up**

## DREAM DOWN PAYMENT INITIATIVE - ADDI— SUEÑO DE PAGO INICIAL INICIATIVA

ADDI mejora aún más la experiencia para los compradores de vivienda de bajos ingresos que obtienen un préstamo hipotecario Move-Up.

En este caso, ADDI proporciona a los compradores de vivienda hasta el 10% del precio de compra de su casa. Este es un préstamo perdonable sin pago mensual por un valor de hasta $10,000 USD. Los compradores de vivienda deben demostrar que los ingresos de su hogar no exceden los límites de ADFA. ADDI ofrece hasta $25,000 USD en asistencia para el pago inicial y los costos de cierre para compradores de bajos ingresos, perdonable durante 5 a 10 años según el monto del préstamo.

## DPA - ADFA:

Entre $1,000 USD y $15,000 USD como segunda hipoteca pagada en 10 años.

## CERTIFICADO DE CRÉDITO HIPOTECARIO MCC —ADFA

Crédito fiscal federal otorgado por el IRS a prestatarios de bajos ingresos y por lo general, está reservado para primeros compradores de vivienda. Cuando recibes un MCC, puedes reclamar una deducción de hasta $2,000 USD en los intereses hipotecarios que pagaste por tu casa.

**Visita:**
**https://homeloans.arkansas.gov/programs**
**https://homeloans.arkansas.gov/dpa**

# CALIFORNIA — CA

El Programa de Asistencia *MyHome* de la Agencia de Financiamiento de la Vivienda de California conocida por sus siglas en inglés: CalHFA, proporciona ayuda para el pago inicial a los compradores elegibles. Esta ayuda se presenta en forma de una segunda hipoteca del 3%—3,5% del precio de compra de la vivienda.

Así mismo, muchas ciudades y condados a través del estado ofrecen ayuda adicional de subvención y equidad compartida para ayudar a los primeros compradores con la cuota inicial y obtener pagos hipotecarios más reducidos.

Es importante consultar con un prestamista especializado en estos programas de asistencia para informarte, así como la propiedad califican para esta ayuda adicional.

**Visita:**
**https://www.calhfa.ca.gov/homebuyer/programs/myhome.htm#**

## *DREAM FOR ALL* — CALIFORNIA SUEÑO PARA TODOS

El programa se puso en marcha el 27 de marzo de 2023 y se le asignaron inicialmente 200 millones de dólares para que sean utilizados hasta que los fondos se agoten.

El préstamo de apreciación compartida *Dream for All* es un programa de asistencia para el pago inicial para primeros compradores de vivienda que se utilizará junto con la primera hipoteca convencional para el pago inicial y costos de cierre. Ofrece a los primeros compradores de vivienda hasta el 20% del precio de compra o el valor de tasación de la propiedad, lo que sea menor, para ayudar a cubrir su pago inicial y los costos de cierre.

Esta ayuda está estructurada como una segunda hipoteca, pero no se paga mes a mes ni tampoco acumula intereses. Sin embargo, cuando la hipoteca se refinancia, la casa se vende o transfiere, el prestatario reembolsa el monto original del préstamo más 20% de la apreciación del valor de la propiedad al momento de transferencia. La apreciación compartida es un poco más compleja que un préstamo hipotecario típico, por lo que aquí te presentamos algunos ejemplos como guía.

**Visita:**
**https://www.calhfa.ca.gov/dream/index.htm**

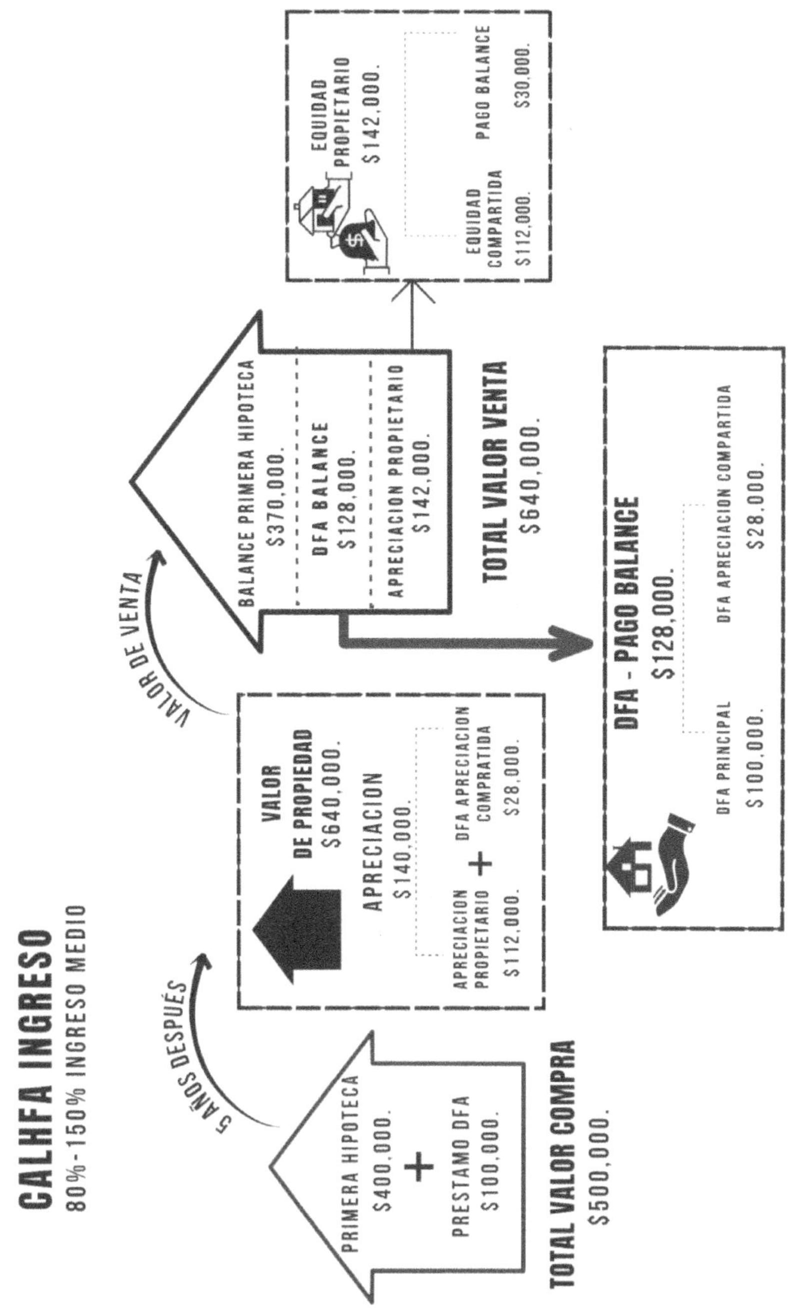
CALHFA INGRESO
80%-150% INGRESO MEDIO
PRIMERA HIPOTECA
$400,000.
+
PRESTAMO DFA
$100,000.
TOTAL VALOR COMPRA
$500,000.
5 AÑOS DESPUÉS
VALOR
DE PROPIEDAD
$640,000.
APRECIACION
$140,000.
APRECIACION
PROPIETARIO
$112,000.
+
DFA APRECIACION
COMPRATIDA
$28,000.
VALOR DE VENTA
BALANCE PRIMERA HIPOTECA
$370,000.
DFA BALANCE
$128,000.
APRECIACION PROPIETARIO
$142,000.
TOTAL VALOR VENTA
$640,000.
EQUIDAD
PROPIETARIO
$142,000.
EQUIDAD
COMPARTIDA
$112,000.
PAGO BALANCE
$30,000.
DFA - PAGO BALANCE
$128,000.
DFA PRINCIPAL
$100,000.
DFA APRECIACION COMPARTIDA
$28,000.

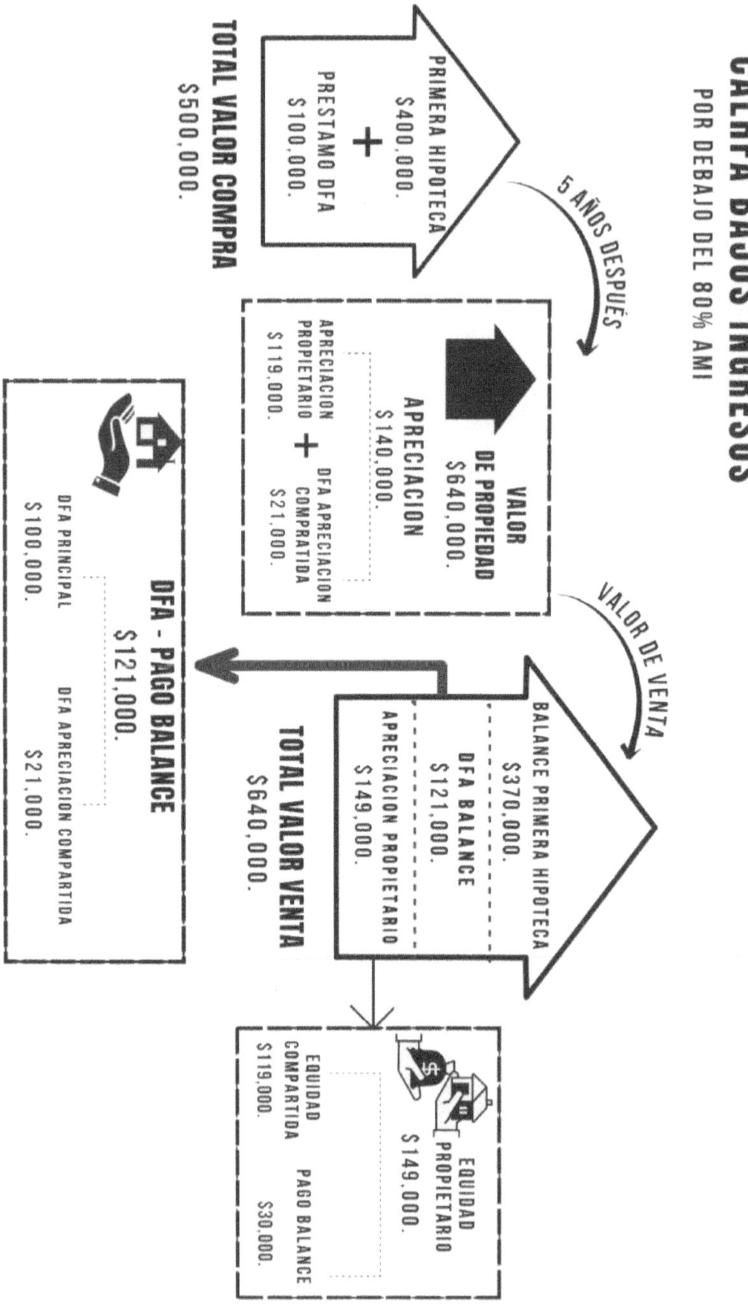
CALHFA BAJOS INGRESOS
POR DEBAJO DEL 80% AMI
PRIMERA HIPOTECA
$400,000.
+
PRESTAMO DFA
$100,000.
TOTAL VALOR COMPRA
$500,000.
5 AÑOS DESPUÉS
VALOR
DE PROPIEDAD
$640,000.
APRECIACION
$140,000.
APRECIACION
PROPIETARIO
$119,000.
+
DFA APRECIACION
COMPRATIDA
$21,000.
VALOR DE VENTA
BALANCE PRIMERA HIPOTECA
$370,000.
DFA BALANCE
$121,000.
APRECIACION PROPIETARIO
$149,000.
TOTAL VALOR VENTA
$640,000.
DFA - PAGO BALANCE
$121,000.
DFA PRINCIPAL
$100,000.
DFA APRECIACION COMPARTIDA
$21,000.
EQUIDAD
PROPIETARIO
$149,000.
EQUIDAD
COMPARTIDA
$119,000.
PAGO BALANCE
$30,000.

# COLORADO — CO

Para los residentes de Colorado que reúnan los requisitos, la Autoridad de Vivienda y Finanzas de Colorado conocido por sus siglas en inglés: CHFA y la Corporación de Asistencia para la Vivienda de Colorado – CHAC ofrecen subvenciones de asistencia para el pago inicial y segundas hipotecas.

**Visita:**
**https://www.chfainfo.com/homeownership/down-payment-assistance**

## CHAC DPA

*Colorado Housing Assistance Corporation* es una organización sin fines de lucro que ofrece asistencia para el pago inicial y programas de préstamos asequibles a compradores de vivienda de ingresos bajos a moderados en Colorado. Los compradores de vivienda que utilizan los programas de préstamos hipotecarios de CHFA para financiar la compra de su vivienda, pueden calificar para recibir asistencia adicional para el pago inicial y los costos de cierre.

Se les permite usar una de las siguientes opciones, incluso si contribuye a su pago inicial:

- Subvención de asistencia para el pago inicial de CHFA.
- Préstamo de segunda hipoteca de CHFA (perdonable).

Para calificar en cualquiera de los programas, debe cumplir con los requisitos estándares que incluyen un puntaje de crédito mínimo, límites de ingresos y completar un curso de educación para compradores de vivienda.

**Enlace:**
**https://www.chfainfo.com/homeownership/how-to-get-a-chfa-program-loan**

# CONNECTICUT - CT

La Autoridad de Financiamiento de la Vivienda de Connecticut ofrece una serie de programas y servicios para ayudar a las familias de ingresos bajos y moderados a comprar su primera vivienda. La asistencia para el pago inicial, la asistencia para los costos de cierre y las opciones hipotecarias asequibles son parte de estos programas.

**Visita:**
**https://www.chfa.org/homebuyers/**

## TIME TO OWN — CHFA — TIEMPO PARA TENER

Por tiempo limitado, CHFA está ofreciendo el préstamo *Time To Own* — DPA para ayudar a los posibles compradores de vivienda para cubrir el pago inicial y los costos de cierre necesarios para comprar su primera casa. Ofrece tasas de interés del 0% sin pago mensual obligatorio.

El 10% del saldo de capital se descontará anualmente, en la fecha del aniversario del cierre, hasta que el préstamo quede completamente perdonado en el décimo aniversario.

Ofrece una financiación de hasta un 20% para cubrir el pago inicial y hasta un 5% de los costos de cierre. El préstamo asciende hasta un máximo de $50,000 USD para hogares ubicados en zonas de oportunidad alta o muy alta y en áreas de oportunidad de acuerdo con el mapa de oportunidad del Estado; o hasta $25,000 USD para hogares ubicados en zonas que no sean áreas de alta o muy alta oportunidad.

**Visita:**
**https://www.chfa.org/about-us/ct-opportunity-map/**

## CHFA — DPA

La autoridad de financiamiento de la vivienda de Connecticut - CHFA, ofrece hasta $20,000 USD en asistencia para el pago inicial en forma de una segunda hipoteca al 1% de interés.

Sin embargo, algunos prestatarios pueden tener derecho a tasas de DPA más bajas, pero deben primero recibir la aprobación de la hipoteca de un prestamista participante para poder solicitar este programa.

**Visita:**
**https://www.chfa.org/homebuyers-homeowners/homebuyers/downpayment-assistance-program-dap-loan/**

## PROGRAMAS HIPOTECARIOS ASEGURADOS POR EL GOBIERNO

Cuando esté listo para comprar una casa, CHFA puede ayudarle con Programas de Hipotecas Aseguradas por el Gobierno en asociación con la Administración Federal de Vivienda (FHA), la Administración de Veteranos (VA) o el Departamento de Desarrollo Rural del USDA. Los préstamos y servicios con tasas de interés bajas al alcance de personas y familias de ingresos bajos y moderados.

**Visita:**
**https://www.chfa.org/homebuyers-homeowners/homebuyers/homebuyer-mortgage-program/**

# DELAWARE — DE

La autoridad de vivienda del estado de Delaware — DSHA, tiene varias formas de facilitar la compra de una vivienda, incluido un programa de asistencia para el pago inicial.

**Visita:**
**https://news.delaware.gov/2023/06/20/delaware-state-housing-authority-launches-four-new-homeownership-programs-for-first-time-and-repeat-homebuyers/**

DSHA previamente conocido como «*Preferred Plus*», es un segundo préstamo hipotecario de hasta el 4% del precio de compra de su vivienda. Los fondos se pueden usar para su pago inicial o costos de cierre. El repago de los fondos se reembolsa cuando vende, refinancie o deja de ser su residencia principal.

**Visita:**
**https://kissyourlandlordgoodbye.com**

## MORTGAGE CREDIT CERTIFICATE MCC— CERTIFICADO DE CRÉDITO HIPOTECARIO

Se ofrece para los primeros compradores y el ingreso no debe exceder los limites requeridos de acuerdo con el área donde está ubicada la propiedad.

# FLORIDA — FL

La corporación de financiamiento de la vivienda de Florida — FHFC es un recurso clave para la compra de su primera casa. Los compradores de vivienda que necesitan ayuda con el pago inicial de una casa tienen diferentes opciones según el condado en el que vivan.

Los programas brindan asistencia para el pago inicial, préstamos a bajo interés y educación para compradores de vivienda; FHFC desempeña un papel importante en ayudar a los compradores de vivienda por primera vez en Florida.

Los militares activos, los veteranos que reúnan los requisitos y quienes compren en una zona designada como objetivo por el Gobierno federal también pueden optar a la ayuda.

### *THE FLORIDA ASSIST*

Ofrece una segunda hipoteca diferida sin intereses de hasta $10,000 USD. El pago se difiere hasta que el propietario venda la casa, refinancie o deje de ocupar la vivienda como su residencia. Préstamos convencionales y FHA, VA, USDA.

## THE FLORIDA HOMEOWNERSHIP LOAN PROGRAM — FL HLP — SEGUNDO PRÉSTAMO

La segunda hipoteca de FL HLP conlleva un pago mensual. El saldo de capital restante se difiere, excepto:

- Venta.
- Refinanciamiento.
- Transferencia de escritura.
- Satisfacción de la primera hipoteca.

Deje de ocupar la propiedad como su residencia principal momento en el cual la segunda hipoteca de FL HLP vencerá y será pagadera en su totalidad. Dado que la segunda hipoteca de FL HLP conlleva un pago mensual, es posible que este pago deba considerarse en la relación deuda — ingreso o

DTI del prestatario al suscribir el crédito.

- Ofrece $10,000.
- 3% Amortización completa.
- 15-años término.

**Visita:**
**https://www.floridahousing.org/programs/homebuyer-overview-page**

## *3%, 4% AND 5% HFA PREFERRED* AND HFA SEGUNDA HIPOTECA *ADVANTAGE PLUS*

Los prestatarios que utilizan estos programas de pago inicial y costos de cierre reciben el 3%, 4% o 5% del monto total del préstamo en una segunda hipoteca perdonable.

Esta segunda hipoteca se descuenta al 20% anual durante un plazo de 5 años cuando se usa con los préstamos convencionales *HFA Preferred for TBA* o *HFA Advantage for TBA First Mortgage de Florida Housing*. La segunda hipoteca «PLUS» está disponible solo con estos productos convencionales de primera hipoteca.

**Visita:**
**https://apps.floridahousing.org/StandAlone/FTHBWizard**

## PROGRAMA DE VIVIENDA DE HÉROES DE LA CIUDAD DE FLORIDA

El programa de vivienda de héroes de la ciudad natal de Florida hace que la compra de la vivienda sea asequible para la fuerza laboral comunitaria elegible.

Este programa proporciona asistencia para el pago inicial y los costos de cierre a los compradores de vivienda por primera vez que califican según sus ingresos para que puedan comprar una residencia principal en la comunidad en la que trabajan y sirven.

El programa de préstamos para héroes de la ciudad natal de Florida ofrece una tasa de interés competitiva para la primera hipoteca y beneficios especiales adicionales para aquellos que han servido y continúan sirviendo a su país. Este programa ofrece tasas de interés más bajas que las del mercado en una primera hipoteca de FHA, VA, RD, Fannie Mae o Freddie Mac. Estas tarifas iniciales son reducidas, sin puntos de origen ni puntos de descuento, asistencia para el pago inicial y costos de cierre.

Los prestatarios pueden recibir hasta el 5% del monto del primer préstamo hipotecario con un máximo de $35,000 USD en asistencia para el pago inicial y los costos de cierre.

**Visita:**
**https://www.floridahousing.org/live-local-act/hometown-heroes-program**

# GEORGIA — GA

El programa de propiedad de vivienda de ensueño de Georgia - GDCA cumple con los sueños de ser propietario de una vivienda al proporcionar financiamiento hipotecario para prestatarios elegibles. El Departamento de Asuntos Comunitarios de Georgia, conocido por sus siglas en inglés: DCA, actúa como el mercado secundario para los prestamistas que desean proporcionar un producto hipotecario asequible a los georgianos de ingresos bajos y moderados.

Los préstamos están asegurados o garantizados por FHA, VA, USDA — RD o préstamos convencionales no asegurados.

Una vez que el prestamista ha completado el proceso y da la aprobación del crédito, la información se envía al DCA para la revisión del cumplimiento y aprobación de la financiación.

El 15 de febrero de 2023, se incrementaron los montos de acuerdo con los siguientes limites:

- $10,000 USD — Estándar para ser usado como cuota inicial o costos de cierre.
- $12,500 USD — PEN Este programa ofrece a las personas que trabajan en funciones de servicio público, protectores públicos, educadores, proveedores de atención médica y personal militar activo.
- $12,500 USD — CHOICE para miembros de la familia viviendo con una discapacidad. Reconoce la presión financiera y ofrece generosa asistencia para ayudarles en la compra de una vivienda.

**Visita:**
**https://www.dca.ga.gov/node/7318**
**https://www.dca.ga.gov/safe-affordable-housing/homeownership/georgia-dream/homebuyers**

# HAWAII — HI

No existe un programa oficial de asistencia para el pago inicial en todo el estado de Hawái. Pero si hay ayuda disponible para los compradores de vivienda por primera vez ahí.

## DOWN PAYMENT ASSISTANCE

*HHOC Mortgage — HHOCM* es una organización bajo IRS código 501(c)(3) afiliada sin fines de lucro del Centro de propiedad de vivienda de Hawái.

Se formó para servir principalmente a familias de ingresos bajos a moderados en la obtención de financiamiento para la compra de su primera vivienda.

DPAL proporciona financiamiento que requiere solo un pago inicial del 3% y es una segunda hipoteca para primeros compradores y no tiene aseguranza de préstamo ni penalidades por pagos adelantados. Préstamo con costo de cierre diferido hasta por 15 años. Compradores pueden acceder hasta $15,000 USD sin intereses ni pagos mensuales.

- Los fondos se pueden aplicar tanto para la cuota inicial o los costos de cierre.
- Interés hipotecario se fija en 4.5% o coincide con la tasa de la primera hipoteca cualquiera que sea menor.
- No tiene seguro hipotecario
- No penalización por pago anticipado
- Monto máximo del préstamo para DPAL es de $125,000
- HHOC debe originar la primera hipoteca.

**Visita:**
**https://hhocmortgage.org/loan-products/**

## DEFERRED CLOSING COSTS ASSISTANCE LOAN — ASISTENCIA PARA COSTOS DE CIERRE DIFERIDO

Este programa ofrece un préstamo diferido a 15 años sin intereses ni pagos mensuales. Los fondos se pueden utilizar para cubrir los costos de cierre incluida la reducción de la tasa. Está dirigido para primeros compradores con ingresos bajos a moderados de 120% AMI o menos.

Clases de educación para los compradores y una sesión de entrenamiento completada a través del Centro de propiedad de vivienda de Hawái.

La hipoteca HHOC debe originar la primera hipoteca y los prestatarios deben de ocupar la vivienda como su residencia principal y firmar una declaración jurada de ocupación anual; y está disponible para prestatarios en todo el estado. Se aplican algunas restricciones.

**Visita:**
**https://hhocmortgage.org**

# IDAHO — ID

La asociación de vivienda y finanzas de Idaho, conocida por sus siglas en inglés: IHFA, administra dos programas diseñados para ayudar con los pagos iniciales y los costos de cierre, no en forma de subvenciones, sino como segundas hipotecas perdonables

Ambos programas requieren que los prestatarios tomen un curso de educación para compradores de vivienda para calificar.

## SEGUNDA HIPOTECA DE VIVIENDA DE ID

La primera opción es una segunda hipoteca máxima del 7% del precio de compra de la vivienda para cubrir la mayor parte de su pago inicial y los costos de cierre. Este préstamo tiene una tasa de interés del 2% y se paga en 15 años con la misma cantidad cada mes.

El prestatario debe contribuir con al menos el 0,5% del precio de venta de sus fondos propios a la transacción, y sus ingresos no pueden exceder $150,000 USD al año.

## IDAHO PRÉSTAMO PERDONABLE

Es un préstamo perdonable y no es requerido ser primer comprador de vivienda. Este préstamo suele ser más favorable, ya que ofrece una tasa de interés del 0% y sin pagos mensuales, aunque el monto del préstamo tiene un límite del 3% del precio de compra de la propiedad. Cada año, se descuenta el 10% del préstamo del total del balance de este, lo que significa que al final del décimo año la deuda queda saldada.

Sin embargo, si decide reubicarse, vender o refinanciar durante el período de diez años, debe reembolsar cualquier parte del préstamo que aún no haya sido descontado.

**Visita:**
**https://www.idahohousing.com/lenders-realtors/down-payment-closing-cost-assistance/**

# ILLINOIS — IL

La autoridad de desarrollo de vivienda de Illinois, conocida por sus siglas en inglés: IHDA, tiene múltiples opciones de préstamos de asistencia para el pago inicial.

Para obtener cualquiera de estos préstamos, tendrás que poner $1,000 USD o el 1% del precio de compra de tus propios fondos. Y debes estar comprando una casa existente. Se excluyen las nuevas construcciones.

## *OPENING DOORS* —ABRIENDO PUERTAS

Ofrece hasta $6,000 USD de asistencia para pagos iniciales y costos de cierre como un préstamo perdonable sin pagos mensuales. Sin embargo, si vendes o refinancias tu casa dentro de los primeros cinco años del plazo del préstamo, debes pagar el préstamo.

## ACCESS FORGIVABLE IHDA — ACCESO PERDONABLE

Este programa viene en forma de un préstamo perdonable para ayudar con el pago inicial y los costos de cierre. Este programa proporciona hasta el 4% del precio de compra con un límite de $6,000 USD en forma de préstamo perdonable. Partes de este préstamo se perdonan con el tiempo, lo que significa que, si permanece en la casa durante un período de tiempo determinado generalmente 10 años, no tendrá que pagarlo. Se aplican límites de ingresos familiares y precios de compra y se requiere un puntaje de crédito mínimo de 640.

## IHDA ACCESS DEFERRED — IHDA ACCESO DIFERIDO

El programa de acceso diferido proporciona un préstamo sin intereses de hasta el 5% del precio de compra con un límite de $7,500 USD para el pago inicial y la asistencia con los costos de cierre.

Este es un préstamo diferido, lo que significa que no se requieren pagos hasta que venda, refinancie o pague su primera hipoteca. La ventaja de este programa es que le permite convertirse en propietario de una vivienda con costos iniciales mínimos, y puede pagar el préstamo en una etapa posterior cuando su situación financiera sea más cómoda.

**Visita:**
**https://www.ihda.org/my-home/faqs/#toggle-id-1**

## *IHDA ACCESS REEMBOLSABLE* — IHDA ACCESO REEMBOLSABLE

Este programa ofrece un préstamo de hasta el 10% del precio de compra con un límite de $10,000 USD para ayudar con el pago inicial y los costos de cierre.

A diferencia de los programas de «Acceso perdonable» y «Acceso diferido», este préstamo requiere reembolso, pero ofrece un límite de asistencia más alto.

## SMARTBUY — IHDA

Este programa no solo ayuda con los pagos iniciales y los costos de cierre, sino que también ayuda a los compradores de viviendas con deudas de préstamos estudiantiles. Puede ser elegible para $5,000 USD en asistencia para el pago inicial y le ayuda hasta con el 15% de su deuda estudiantil hasta un máximo de $40,000 USD en este programa.

Debe tener un mínimo de $1,000 USD en préstamos estudiantiles, un puntaje de crédito mínimo de 640, ingresos límites requeridos por el programa en las áreas correspondientes y debe ser su residencia principal.

**Visita:**
**https://www.ihdamortgage.org/smartbuy**
**https://www.ihdamortgage.org/homebuyers**
**https://www.ihda.org/my-home/getting-an-ihda-loan/**

# INDIANA — IN

La autoridad de vivienda y desarrollo comunitario de Indiana - IHCDA, ofrecen orgullosamente la ayuda necesaria para hacer realidad la compra de una casa para miles de familias Hoosier cada año. Ofrece programas que ayudan a los residentes de Hoosiers a realizar pagos iniciales, obtener préstamos con tasas de interés bajas y ofrecen un crédito fiscal. En todos los condados de Indiana, hay prestamistas disponibles para ayudar con todos los programas que se ofrecen.

La autoridad de vivienda y desarrollo comunitario de Indiana conocida por sus siglas en inglés: IHCDA, tiene dos programas que ofrecen asistencia para el pago inicial.

## FIRST PLACE FP - PRIMER LUGAR

Ofrece hasta el 6% del precio de compra para los primeros compradores de vivienda. Debe usarse juntamente con un préstamo FHA o convencional y requiere un puntaje de crédito de 680. Relación deuda — ingreso puede ser más del 45% pero menos del 50%

## NEXT HOME NH- PRÓXIMO LUGAR

Ofrece de 2.5% o 3.5% del precio de compra para los primeros compradores de vivienda. Debe usarme juntamente con un préstamo FHA o convencional y requiere un puntaje de crédito de 680. Relación deuda — ingreso puede ser más del 45% pero menos del 50%

**Visita:**
**https://www.in.gov/ihcda/homebuyers/programs/**
**https://www.indianahousingnow.org/press/articles/HomeownershipP rogram.html**

# IOWA — IA

La autoridad financiera de Iowa ofrece subvenciones y préstamos como ayuda para el pago inicial o los costos de cierre. Los primeros compradores de vivienda y los veteranos pueden calificar para recibir asistencia.

Otros también pueden calificar si están comprando una casa en un distrito censal de bajos ingresos. Todos los programas tienen límites de ingresos y precios en las viviendas elegibles. También requiere un puntaje de crédito mínimo de 640 para calificar.

## First home DPA LOAN

El programa FirstHome puede brindarte:

- Una subvención de asistencia para el pago inicial y los costos de cierre.
- Un préstamo del programa de 2° préstamo.
- No ambos.

Opciones de asistencia para el pago inicial, los costos de cierre de *first home*

## Subvención

La subvención de asistencia para el pago inicial y los costos de cierre proporciona a los compradores de vivienda una subvención de $2,500 USD para ayudar con el pago inicial y los costos de cierre.

## Préstamo

El programa de 2° préstamo ofrece un préstamo de hasta el 5% del precio de venta de la vivienda sin máximo y es reembolsable en el momento de la venta, refinanciación o pago total de la primera hipoteca. ¡No se requiere pago mensual!

## *HOMES FOR IOWANS DPA LOAN*

El programa *Homes for Iowans* tiene como objetivo ayudar tanto a los compradores de vivienda por primera vez como a los habituales. Este programa proporciona un préstamo sin intereses de hasta el 5% del precio de compra de la vivienda que se utilizará para el pago inicial y los costos de cierre. Al igual que el préstamo DPA para la primera vivienda, no requiere pagos hasta que la casa se venda, refinancie o la primera hipoteca se pague en su totalidad.

## ASISTENCIA PARA PROPIETARIOS DE VIVIENDA MILITAR – IFA

El programa de asistencia para propietarios de vivienda militar es una iniciativa especial de la IFA diseñada para honrar y apoyar al personal militar y a los veteranos. Este programa ofrece una subvención de $5,000 USD para el pago inicial y los costos de cierre a los miembros del servicio y veteranos elegibles que compren una casa en Iowa.

**Visita:**
**https://www.iowafinance.com/homeownership/down-payment-programs/**

# KANSAS — KS

La corporación de recursos de vivienda de Kansas, conocida por sus siglas en inglés: KHRC, ofrece préstamos hipotecarios especiales, así como varias opciones de asistencia para el pago inicial para primeros compradores. El programa ofrece a los primeros compradores un préstamo sin intereses del 15% o 20% del precio de compra de la vivienda. El préstamo se perdona si permanece en la propiedad por un término mínimo de diez años.

**Visita:**
**https://kshousingcorp.org/homeowners/first-time-homebuyer/**

### *DOWN PAYMENT ASSISTANCE - DPA*

Aunque Kansas DPA no está afiliado a KHRC, este programa de asistencia estatal puede ayudar con los costos de cierre o un pago inicial. También puede ofrecerles un préstamo hipotecario a 30 años con un tipo de interés fijo.

Tiene que cumplir con los ingresos límites y un puntaje de crédito no menor de 640, así como también aplicar con una de las financieras aprobadas para estos programas.

### *FHLBANK TOPEKA* - PROGRAMA RESERVA – HSP

Fondos adicionales de $300,000 USD han sido autorizados al HSP. Los fondos estarán disponibles en HSP Online, antes de las 9 a.m., el lunes 2 de octubre de 2023 por orden de llegada. Los compradores calificados pueden recibir una subvención de hasta $7,500 USD que se perdona por completo después de cinco años. Si la propiedad se vende, refinancia o transfiere antes de los cinco años hay que hacer el reembolso de los fondos. Los aplicantes deben tener un ingreso que no exceda el 80% del ingreso medio del área — AMI y debe ser miembro del FHLBank.

**Visita:**
**https://www.kshap.org**

# KENTUCKY — KY

La corporación de vivienda de Kentucky conocida por sus siglas en inglés: KHC, ofrece un programa especial de préstamos para ayudar a los futuros compradores de vivienda con los pagos iniciales, costos de cierre y los gastos prepagados por adelantado.

## *DOWN PAYMENT ASSISTANCE - DAP*

El programa está disponible para viviendas con precios de hasta $481,176 USD. Ofrece asistencia en forma de préstamo, que puede llegar hasta los $10.000 USD. y es reembolsable en un plazo de 10 años a una tasa de interés del 3,75%. Este programa está abierto a todos los beneficiarios de préstamos hipotecarios de KHC, pero debe utilizar un prestamista aprobado por KHC.

**Visita:**
**https://www.kyhousing.org/Homeownership/Future-Homebuyers/Pages/Down-Payment-Assistance.aspx**

# LOUISIANA — LA

Louisiana cuenta con uno de los programas de ayuda de pago inicial más generosos.

**El segundo préstamo blando ofrece:**

Un segundo préstamo blando del 20% del precio de compra hasta $55,000 USD y hasta $5,000 USD para costos de cierre por un total máximo de $60,000 UD.

Si el comprador de vivienda ocupa la casa durante el plazo completo de diez años, entonces el segundo préstamo blando será perdonado. Deberá cumplir con los requisitos de ingresos para este programa, administrado por la Corporación de vivienda de Luisiana limitado al 80% del ingreso medio.

Solo las viviendas en las siguientes comunidades califican: Acadia, Allen, Ascension, Avoyelles, Beauregard, Bienville, Bossier, Caddo, Calcasieu, Caldwell, Catahoula, Claiborne, De Soto, East Carroll, East Baton Rouge, East Feliciana, Evangeline, Franklin, Grant, Iberia, Iberville, Jackson, Jefferson Davis, Lafayette, LaSalle, Lincoln, Livingston, Madison, Morehouse, Natchitoches, Ouachita, Pointe Coupee, Rapides, Red River, Richland, Sabine, St. Helena, St. James, St. Landry, St. Martin, St. Tammany, Tangipahoa, Union, Vermilion, Vernon, Washington, Webster, West Baton Rouge, West Carroll, West Feliciana y Winn Parish.

**Visita:**
**https://www.lhc.la.gov/soft-second**

# MAINE — ME

El programa de préstamos para la primera vivienda de *Maine Housing* hace que la compra de una casa sea más fácil y asequible al ofrecer hipotecas de bajo interés fijo. Ofrece así mismo ayuda con el dinero en efectivo para los costos de cierre.

*Maine-Housing* ofrece dos programas que pueden ayudarle:

## *MAINEHOUSING DOWN PAYMENT ASSISTANCE*

Los compradores pueden ser elegibles para recibir hasta $5,000 USD en efectivo para usar para el pago inicial, costos de cierre y deposito en garantía prepagado. La ayuda viene en forma de subvención, no como segunda hipoteca. Sin embargo, los fondos son reembolsables si la propiedad es vendida, refinanciada o transferida. Los prestatarios deben contribuir con un mínimo del 1% del monto del préstamo para la compra de la vivienda, esta contribución puede provenir de fondos de regalo.

## *MAINEHOUSING MULTI—UNITADVANTAGE*

Este programa ayuda con los costos de cierre y los pagos iniciales de las propiedades de una a cuatro unidades. La ayuda oscila entre $8,000 USD y $14,000 USD. La opción Multi-UnitAdvantage puede proporcionar $5,000 USD en costos de cierre y asistencia para el pago inicial por cada unidad residencial en propiedades de dos a cuatro unidades.

Para dos unidades, Advantage es de $8,000 USD, tres unidades es de $11,000 USD y cuatro unidades es de $14,000 USD. Los solicitantes deben completar un curso de educación para propietarios aprobados.

En ambos planes, la ayuda viene en forma de una subvención y el prestatario puede usar el dinero de la donación para ayudar a pagar una parte de la casa. Pero los detalles de cada programa son diferentes, por lo que las personas que quieran comprar deben mirar cuidadosamente ambos para ver cuál satisface mejor sus necesidades.

**Visita:**
**https://www.mainehousing.org/programs-services/homebuyer/homebuyerdetail/first-home-loan-program**

# MARYLAND — MD

El departamento de vivienda y desarrollo comunitario de Maryland conocido por sus siglas en inglés: MDHCD, puede ofrecer asistencia para compradores de vivienda a través de su programa hipotecario de Maryland. Estos programas incluyen:

### *FLEX 5000*

Viene con un préstamo de $5,000 USD para el pago inicial y los costos de cierre. Este segundo gravamen tiene una tasa de interés del cero por ciento y no se deben pagar durante la vida de la primera hipoteca. Tan pronto como finaliza la primera hipoteca (pago, refinanciamiento, transferencia, venta, etc.), el segundo gravamen vence y es pagadero.

### *FLEX 3% PRÉSTAMO*

Viene con un préstamo DPA equivalente al 3% de la primera hipoteca en un segundo gravamen diferido del cero por ciento.

### *FLEX 3% SUBVENCIÓN*

Esta subvención de ayuda para el pago inicial equivale al 3% de la primera hipoteca. La subvención no se devuelve.

### *FLEX 4% SUBVENCIÓN*

Esta subvención de ayuda para el pago inicial equivale al 4% de la primera hipoteca. La subvención tampoco se devuelve.

### *PARTNER MATCH* — PROGRAMA DE IGUALACIÓN DE SOCIOS

El dinero viene en forma de un préstamo diferido sin intereses que se puede utilizar para el pago inicial y costos de cierre. Está disponible solo con préstamos 1st Time Advantage 6000 o Flex 6000.

### *1ST TIME ADVANTAGE 6000*

Un préstamo sin intereses de $6,000 USD sin pagos recurrentes. Pero si vende, refinancia o transfiere la propiedad antes de pagar su préstamo hipotecario, debe reembolsar el préstamo.

## HOMESTART

Ofrece a los primeros compradores de vivienda con un ingreso igual o inferior al 50% del ingreso medio del área (AMI), una primera hipoteca del programa hipotecario de Maryland (MMP) con una tasa de interés competitiva y un préstamo del 6% para el pago inicial y costos de cierre con una tasa de interés del 0%, con un plazo de 30 años y pago diferido durante la vida de la primera hipoteca.

**Visita:**
**https://mmp.maryland.gov/Pages/Programs.aspx**

# MASSACHUSETTS — MA

*MassHousing,* es una agencia de vivienda independiente en Massachusetts, que ofrece hasta $50,000 USD en asistencia para el pago inicial, dependiendo de dónde planee comprar una casa.

MA ofrece dos programas de asistencia en el pago inicial para compradores de vivienda, pero la cantidad que recibe difiere según el lugar donde viva en el estado de la Bahía:

***UP TO $50,000 USD***

Para compradores de vivienda que adquieren una casa en las siguientes comunidades: Boston, Attleboro, Barnstable, Brockton, Chelsea, Chicopee, Everett, Fall River, Fitchburg, Framingham, Haverhill, Holyoke, Lawrence, Leominster, Lowell, Lynn, Malden, Methuen, New Bedford, Peabody, Pittsfield, Quincy, Randolph, Revere, Salem, Springfield, Taunton, Westfield y Worcester.

***UP TO $30,000 USD***

Para compradores de vivienda que adquieren una casa en todas las demás comunidades de Massachusetts.

***DOWN PAYMENT ASSISTANCE 1***

Es un segundo préstamo hipotecario de pago diferido sin intereses, lo que significa que no se adeudan pagos hasta que la propiedad se venda, refinancie o se pague el primer préstamo hipotecario, momento en el que se debe pagar el saldo total.

***DOWN PAYMENT ASSISTANCE 2***

Es un segundo préstamo hipotecario amortizable a 15 años a una tasa de interés fija del 2% (APR 2%); lo que significa que el prestatario realiza pagos mensuales de capital e intereses durante 15 años en este segundo préstamo además de los pagos mensuales de su primer préstamo hipotecario.

**Visita:**
**https://www.masshousing.com/es/home-ownership/homebuyers/down-payment-assistance**

# MICHIGAN — MI

La autoridad de desarrollo de vivienda del estado de Michigan conocida por sus siglas en inglés: MSHDA, ofrece un programa DPA para ayudar a los compradores potenciales con el pago inicial y cierre y el pago inicial.

## *MI 10K DOWN PAYMENT ASSISTANCE LOAN*

El préstamo M1 10K DPA proporciona hasta $10,000 USD en asistencia para el pago inicial en códigos postales específicos si financia la compra de su vivienda con el préstamo M1, una hipoteca única para primeros compradores. El programa está disponible para compradores habituales en áreas particulares, así como para primeros compradores de vivienda en todo el estado

Se aplican límites de ingresos familiares y varían según el tamaño de la familia y la ubicación de la propiedad.

El precio máximo de venta para todas las propiedades en el estado es de $224,500 USD y se necesita un puntaje de crédito mínimo de 640, o 660 si desea comprar una casa prefabricada con numerosas secciones.

## *MORTGAGE CREDIT CERTIFICATE MCC* — CERTIFICADO DE CRÉDITO HIPOTECARIO

Les permite a los primeros compradores reclamar un crédito fiscal en su declaración de impuestos federales por una parte de los intereses hipotecarios pagados durante un año fiscal.

**Visita:**
**https://www.michigan.gov/mshda/homeownership**
**https://www.michigan.gov/mshda/homeownership/mi-home-loan**

# MINNESOTA — MN

La agencia de financiamiento de la vivienda de Minnesota conocida por sus siglas en inglés: MHFA, ofrece dos tipos de préstamos de asistencia para el pago inicial a prestatarios elegibles:

- Préstamo de pago mensual
- Disponible con Start Up or Step Up.
- Asistencia para el pago inicial de hasta $17,000 USD.
- Totalmente amortizado en 10 años.
- Tasa de interés igual a la tasa de la primera hipoteca.
- La contribución del comprador de vivienda debe ser la menor de $1,000 USD o el 1% del precio de compra.
- Préstamos de pago diferido
- Solo disponible con el programa *START UP*

Asistencia para el pago inicial de hasta $11,000 USD con el préstamo de pago diferido o de hasta $15,000 USD con el préstamo de pago diferido plus. Préstamo diferido sin intereses durante la duración de la primera hipoteca.

### Se requiere el reembolso del saldo total del préstamo cuando:

- La propiedad se vende, refinancie (a menos que se refinancie con el programa Step Up).
- El propietario se muda.
- El primer préstamo hipotecario se paga (antes o al final del plazo del préstamo).
- La contribución del comprador de vivienda debe ser la menor de $1,000 USD o el 1% del precio de compra.

### *DEFERRED PAYMENT LOAN PLUS* - PRÉSTAMO DE PAGO DIFERIDO PLUS:

Ofrece un préstamo con una tasa de interés anual del 0% hasta $18,000 USD. El préstamo no tiene pagos mensuales, pero debe pagarlo en su totalidad cuando se mude, venda su casa, refinancie o pague su hipoteca principal.

El programa ***START UP***

Es para primeros compradores de vivienda.

Requerimientos del programa Start Up incluyen:

- Límites de ingresos de hasta $142,800 USD según el condado.
- El precio de la vivienda limita la compra de hasta $515,200 USD en el área metropolitana de 11 condados y $472,030 USD para todos los demás condados.
- Opciones de préstamos para el pago inicial y el costo de cierre: hasta $18,000 USD disponibles.
- El propietario debe residir en la vivienda.

**Visita:**
**https://www.mnhousing.gov/homeownership/casa.html**
**https://www.mnhousing.gov/homeownership.html**

# MISSISSIPPI — MS

La corporación de viviendas de Mississippi conocida por sus siglas en inglés: MHC, ofrece tres programas hipotecarios diferentes, cada uno de los cuales viene con su propia indicación de asistencia para el pago inicial.

***SMART6***

Ofrece una Hipoteca de tasa fija a 30 años con una segunda hipoteca de $6,000 USD al 0% de interés con el capital adeudado al momento de la venta de la propiedad, el pago del préstamo o el vencimiento del préstamo. Los requisitos de puntaje de crédito se basan en las pautas de los prestamistas participantes.

**Visita:**
**https://www.mshomecorp.com/programs/smart6/**

*MRB 7*

Ofrece una Hipoteca de tasa fija a 30 años con una segunda hipoteca diferida de $7,000. a 10 años. Los requisitos de puntaje de crédito se basan en las pautas de los prestamistas participantes.

**Visita:**
**https://www.mshomecorp.com/programs/mortgage-revenue-bond-7/**

## *MORTGAGE* CREDIT *CERTIFICATE MCC* — CRÉDITO TRIBUTARIO

Un equivalente al 40% de los intereses anuales pagados por el préstamo hipotecario, reduciendo así la obligación tributaria federal de los prestatarios. Se puede añadir a cualquier producto hipotecario excepto MRB7.

**Visita:**
**https://www.mshomecorp.com/programs/mortgage-credit-certificate/**

## *HOUSING ASSISTANCE FOR TEACHERS — HAT*

Los maestros pueden recibir hasta $6,000 USD en asistencia para el pago inicial de la compra de una vivienda y costos de cierre si desean vivir y trabajar en los condados de Mississippi donde hay escasez de maestros. El préstamo es perdonable si el maestro trabaja para el distrito durante un mínimo de tres años.

**Visita:**
**https://www.mshomecorp.com/programs/housing-assistance-for-teachers/**
**https://www.mshomecorp.com/programs/**

# MISSOURI — MO

Con la ayuda de instituciones financieras certificadas conocidas por sus siglas en inglés: MHDC, Missouri ofrece tres programas para compradores de vivienda. Las tasas de interés son asequibles, y ofrece asistencia para el pago inicial o créditos fiscales para ayudar a los compradores de vivienda.

**Visita:**
**https://mhdc.com/services/homebuyer-programs/**

## *FIRST PLACE HOME* — PRIMER LUGAR

Los compradores de vivienda elegibles pueden obtener hasta el 4% del precio de compra de la vivienda para el pago inicial y costos de cierre. Los fondos proporcionados vienen en la forma de un préstamo perdonable, no una subvención directa. Esto significa que tendrá que devolver parte o la totalidad de los fondos si se muda, vende o refinancia la casa en menos de 10 años

Sin embargo, una vez culminado el quinto año, MHDC comienza a descontar el balance del préstamo a razón de una sexagésima parte de su valor cada mes. Al final del décimo año, ya no deberá nada. Para calificar, deberá usar uno de los préstamos hipotecarios de MHDC, y cumplir con los límites de ingresos familiares y precio de compra, entre otros criterios.

**Visita:**
**https://mhdc.com/services/homebuyer-programs/first-place/**

## *NEXT STEP PROGRAM - MHDC* — SIGUIENTE PASO

Los prestatarios calificados pueden acceder para un préstamo de asistencia en efectivo del 4% para ayudar con el pago inicial o los costos de cierre. Al igual que el DPA — Primer Lugar, el programa siguiente paso se perdona por completo después de diez años si se permanece en la vivienda.

**Visita:**
**https://mhdc.com/services/homebuyer-programs/next-step/**

## *MORTGAGE CREDIT CERTIFICATE MCC* — CERTIFICADO DE CRÉDITO FISCAL

Les permite a los primeros compradores reclamar un crédito fiscal en su declaración de impuestos federales por una parte de los intereses hipotecarios pagados durante un año fiscal. El crédito tendrá una tasa de porcentaje de hasta el 45% de los intereses hipotecarios pagados, por un máximo de $2,000 USD.

**Visita:**
**https://mhdc.com/services/homebuyer-programs/mortgage-credit-certificate/**

# MONTANA — MT

Para ayudar con los pagos iniciales y los costos de cierre, *Montana Housing* ofrece dos tipos de asistencia para el pago inicial. Hay que tener en cuenta que se trata de préstamos, no subvenciones, y que deben devolverse.

## *BOND ADVANTAGE DOWN PAYMENT ASSISTANCE*

Este programa ofrece una segunda hipoteca que se paga junto con su hipoteca principal durante un período de 15 años. Se puede utilizar para el pago inicial y de cierre.

- Disponible hasta el 5% del precio de venta, máximo $15,000 USD.
- Requiere una primera hipoteca a 30 años de *Montana Housing*, ambos préstamos tienen la misma tasa de interés fija.
- Puntaje de crédito mínimo de 620.
- Los prestatarios deben proporcionar una inversión mínima de $1,000 USD en efectivo en la compra, y la contribución del prestatario puede ser regalada.

## *MBOH PLUS 0% DPA* - PAGO DIFERIDO

Es una «hipoteca silenciosa», y no tiene intereses ni pagos mensuales. Disponible por hasta el 5% del precio de venta, máximo $15,000 USD. Se puede utilizar para el pago inicial y costos de cierre.

Préstamo pagadero al momento de vender, refinanciar o cancelar el préstamo de la primera hipoteca.

- Requiere un préstamo de Montana Housing.
- Con tasa fija a 30 años.
- Límite de ingresos del hogar $80,000 USD para 1—2 personas y $90,000 USD para 3 o más personas.
- Puntaje de crédito mínimo de 620, relación deuda — ingresos (DTI) máximo de 45% para todos los prestatarios.
- Los prestatarios deben proporcionar una inversión mínima de $1,000 USD en efectivo en la compra. La contribución del prestatario puede ser regalada.

El prestatario debe utilizar uno de los productos hipotecarios de Montana Housing para ser elegible para cualquiera de estos programas de asistencia.

**Visita:**
**https://housing.mt.gov/Homeownership/Homebuyers/Down-Payment-Assistance**

# NEBRASKA — NE

El programa de asistencia para compradores de vivienda conocido por sus siglas en inglés: HBA, que es ofrecido por la autoridad de financiamiento de inversiones, ayuda a los compradores con el pago inicial y los costos de cierre, y solo requiere una inversión mínima de los compradores de $1,000 USD en muchos casos.

La autoridad de financiamiento de inversiones de Nebraska conocida por sus siglas en inglés: NIFA, ofrece Down Payment Assistance de hasta el 5% del precio de venta hasta un máximo de $10,000 USD para calificar, los prestatarios deben contribuir con al menos $1,000 USD de su bolsillo.

La ayuda adopta la forma de un préstamo a 10 años con una tasa de interés del 1%.

**Visita:**
**https://www.nifa.org/homebuyers-renters/homebuyer-assistance**

# NEVADA — NV

La división de vivienda de Nevada conocida por sus siglas en inglés: NHD, ofrece dos programas especiales: Home is possible y Home first.

Sin embargo, el NHD no es la única fuente de asistencia disponible. El departamento de vivienda rural de Nevada — NRH, también administra dos programas adicionales de DPA con enfoques ligeramente diferentes.

## *HOME IS POSSIBLE HIP — CASA ES POSIBLE*

- Ofrece asistencia para el pago inicial de hasta el 4% del monto total del préstamo.
- Utilizable para el pago inicial y costos de cierre.
- Perdonable después de 7 años si continúa viviendo en la propiedad.
- Atractiva tasa de interés fija a 30 años.

**Visita:**
**https://www.homeispossiblenv.org/**

## *HOME FIRST NHD* — PRIMER HOGAR

***Home First*** está enfocado en los primeros compradores de vivienda en todo el estado. Con una generosa ayuda para el pago inicial y límites más flexibles en el precio de la vivienda.

El programa ofrece:

- Asistencia para el pago inicial de $15,000 USD y no se puede usar para costos de cierre.
- Perdonable después de 3 años si continúa viviendo en la propiedad.
- Hipoteca a 30 años con tasa fija.
- Precio de compra de hasta $570,000 USD (consulte las pautas de la agencia).
- Mínimo de 6 meses de residencia en Nevada.

- Puntaje mínimo de crédito: 640.
- Los ingresos deben estar dentro de los límites de ingresos del hogar.

**Visita:**
**https://www.homeispossiblenv.org/home-first-program**

### *HOME IS POSSIBLE FOR TEACHERS*

Este programa para compradores de vivienda es como un crédito adicional para los maestros que ayudan a hacer de Nevada un gran lugar para vivir.

Entre los beneficios están:

- $7,500 USD utilizables para el pago inicial y costos de cierre.
- Perdonable después de cinco años si permanece en la propiedad.
- Préstamo a 30 años con tasa de interés fija por debajo del mercado.
- No hay requisito de ser primer comprador.
- Debe ser un maestro de aula de escuela pública K-12 con licencia de tiempo completo en Nevada.
- Para un solo prestatario: ingresos calificados de hasta $105,000 USD. Para 2 o más prestatarios: ingresos calificados de hasta $135,000 USD.
- Precio de la vivienda por debajo de $726,200 USD.
- Puntaje de crédito mínimo de 640 para FHA, VA, USDA.
- Relación ingreso—deuda: 50% si su puntuación crediticia de 680+ o 45% si tiene un puntaje de crédito inferior a 680.

El maestro debe vivir en la propiedad como su residencia principal y cumplir con los otros requisitos estándares.

**Visita:**
**https://www.homeispossiblenv.org/home-possible-teachers**

### *NEVADA RURAL HOUSING'S HOME NRH — DOWN PAYMENT ASSISTANCE*

Ayuda a los prestatarios de bajos a moderados ingresos a comprar una casa en Nevada. Proporciona una segunda hipoteca sin intereses y sin pagos durante 30 años.

La segunda hipoteca se perdona al final del plazo de 30 años, o si el prestatario vende, refinancia o paga por adelantado la primera hipoteca antes del final del plazo de 30 años.

Esta asistencia se puede utilizar para cubrir su pago inicial, así como sus costos de cierre. Además, el programa Home at last ofrece también a los propietarios opciones de refinanciamiento de viviendas elegibles.

### *HOME MEANS NEVADA RURAL - NRH — DOWN PAYMENT ASSISTANCE*

Este programa está diseñado específicamente para personas que buscan comprar en áreas rurales de Nevada. Si califica, podría recibir hasta $25,000 USD en asistencia para el pago inicial.

Esta asistencia, al igual que *Home At Last*, es una segunda hipoteca que se perdona por completo a menos que venda o refinancie dentro de los primeros tres años.

**Visita:**
**https://nvrural.org/programs/homeownership/down-payment-assistance/#hal**
**https://www.homeispossiblenv.org/get-started**

# NEW HAMPSHIRE — NH

Nuevo *Hampshire Housing* ofrece programas hipotecarios que extienden la asistencia en efectivo para los posibles propietarios de viviendas. Se otorgan hasta $10,000 USD que se pueden usar para el pago inicial y costos de cierre.

La asistencia en efectivo viene en forma de una segunda hipoteca y se perdonan en su totalidad después de cinco años, a menos que, dentro de ese tiempo la propiedad se venda; refinancie o se declare en bancarrota. Los límites de ingresos del programa determinan su elegibilidad para recibir la ayuda.

Entre sus requisitos de elegibilidad por programa están los siguientes:

- *Home First* — Límites de ingresos y precios de compra.
- *Home Flex Plus* — Ingresos de hasta $169,900 USD.
- *Home Preferred Plus* — Ingresos de hasta 80% Ingreso medio del área — AMI, según lo determinado por Fannie Mae.
- *Home Preferred Plus* sobre 80% AMI — Financiación convencional para ingresos superiores a 80% del AMI hasta $169,900 USD.

Límites de ingresos y precios de compra:

**Visita:**
**https://www.gonewhampshirehousing.com/application/files/2816/8495/8888/Home_First_Program_Limits_2023.pdf**
**https://www.gonewhampshirehousing.com/get-a-mortgage**

## FANNIE MAE — AMI

**Visita:**
**https://ami-lookup-tool.fanniemae.com/**
**https://www.gonewhampshirehousing.com/get-a-mortgage/mortgage-programs#**

# NEW JERSEY — NJ

La agencia de financiamiento de viviendas e hipotecas de Nueva Jersey conocida por sus siglas en inglés: NJHMFA, proporciona hasta $15,000 USD según el condado de la propiedad que se compre.

NJHMFA es para los primeros compradores de vivienda calificados para recibir asistencia en cuanto al pago inicial y costos de cierre al comprar una casa en Nueva Jersey.

*Down payment assistance* viene en forma de segundo préstamo perdonable cinco años sin intereses y sin pago mensual. Para participar en este programa, el DPA debe tener un préstamo de primera hipoteca de la NJHMFA.

El primer préstamo hipotecario es un préstamo competitivo a 30 años, de tasa fija asegurado por el gobierno FHA/VA/USDA, originado a través de un prestamista participante de NJHMFA.

Se aplican restricciones de ingresos, relación ingreso — deuda, puntajes de crédito y límites de precios de compra.

**Visita:**

**https://www.nj.gov/dca/hmfa/roadhome/index.html#msg-box8-10**

# NEW MEXICO — NM

La autoridad de financiamiento hipotecario de Nuevo México, que ayuda a los residentes de Nuevo México de ingresos bajos y moderados a obtener financiamiento para viviendas asequibles, ofrece dos programas de asistencia para el pago inicial.

New Mexico Mortgage Finance AuthorityMFA es una entidad prácticamente gubernamental autosuficiente que proporciona financiamiento para hacer que la vivienda asequible de calidad y otros servicios relacionados estén disponibles para los habitantes de Nuevo México de ingresos bajos y moderados.

Utiliza fondos de bonos de vivienda, créditos fiscales y otras agencias federales y estatales, MFA proporciona recursos para construir comunidades de alquiler asequibles, rehabilitar viviendas antiguas, proporcionar asistencia para el pago inicial e hipotecas asequibles, ofrecer refugio de emergencia y administrar asistencia y subsidios para el alquiler.

Los programas *First Down* y **Next Home** son préstamos de segunda hipoteca que se pueden usar para el pago inicial y costos de cierre.

Un puntaje de crédito mínimo de 620, y tiene limitaciones en los ingresos y otros requisitos de elegibilidad. Se requiere una contribución mínima de $500 USD de los fondos propios del comprador de vivienda.

**Visita:**
**https://es.housingnm.org/homebuyers/getting-started/preparing-for-homeownership**
**https://housingnm.org/uploads/documents/FirstHome_Down_SPA_NonFillable_2022.pdf**

***FIRSTDOWN* — PRIMER ENTRE**

El programa de MFA está disponible para los primeros compradores de vivienda con bajos a moderados ingresos, y les ofrece ayuda de hasta $8,000 USD para la cuota inicial que se puede utilizar en conjunto con cualquiera de los programas de préstamos de segunda hipoteca de asistencia para el pago inicial de MFA, Primer Entre.

**Visita:**
**https://es.housingnm.org/compradores-de-vivienda/asistencia-para-el-pago-inicial**
**https://housingnm.org/uploads/documents/FirstHome_Down_SPA_NonFillable_2022.pdf**

## *FIRSTDOWN PLUS* – PROGRAMA DE INICIO PLUS

Es un préstamo de asistencia para el pago inicial como tercera hipoteca diseñado para proporcionar un pago inicial adicional a los primeros compradores de vivienda que califican para usar el programa *FirstHome* de MFA. Ofrece una cantidad fija de $15,000 en forma de un préstamo no amortizable a 10 años con una tasa de interés del 0%. Los $15,000 deben usarse exclusivamente para el pago inicial, y es un préstamo, no una subvención.

El préstamo no tiene pagos mensuales y se condonará si el prestatario ocupa continuamente la vivienda durante un período completo de 10 años y no vende, refinancia, transfiere el título, alquila o desocupa la propiedad.

**Visita:**
**https://housingnm.org/uploads/documents/FirstDown_Plus_1.10.24.pdf**

## *HOME NOW* – HOGAR AHORA

Otra alternativa que ofrece hasta $8,000 USD en asistencia para el pago inicial. La diferencia es que este préstamo se puede perdonar después de 10 años y solo está disponible para prestatarios con un ingreso inferior al 80% del ingreso medio del área (AMI). También se requiere una contribución mínima de $500 USD de los fondos propios

**Visita:**
**https://housingnm.org/uploads/documents/HomeNow_SPA_Non-Fillable_2021.pdf**

### *NEXT HOME* – PRÓXIMA CASA:

Es ofrecido para compradores habituales que no califican para los programas ofrecidos para primeros compradores – MFA. Pueden ser elegibles para recibir asistencia para el pago inicial de hasta el 3% del precio de venta de la vivienda. Es una combinación de la primera y la segunda hipoteca.

El segundo préstamo equivalente al 3% del monto total del primer préstamo es perdonable después de cumplir con ciertas restricciones. Requiere una contribución mínima de $500 USD de los fondos propios del comprador de vivienda es requerido, y un puntaje de crédito de 620.

**Visita:**
**https://housingnm.org/uploads/documents/HomeForward_Second_ENG_Nonfillable.pdf**
**https://housingnm.org/homebuyers/down-payment-assistance**

# NEW YORK — NY

La agencia hipotecaria del estado de Nueva York, conocida por sus siglas en inglés: SONYMA, ayuda a los residentes del estado de Nueva York de bajos y moderados ingresos a obtener acceso a una propiedad de vivienda asequible.

*DOWN PAYMENT ASSISTANCE -DPAL*

Es un préstamo perdonable sin intereses ni pago mensual disponible para todos los compradores que utilizan un programa hipotecario de SONYMA. El DPAL también se puede utilizar para cualquier seguro hipotecario requerido. Después de 10 años, el préstamo se perdona a menos que venda su casa o refinancie su hipoteca antes de esa fecha.

El monto mínimo del préstamo es de $1,000 USD y el monto máximo del préstamo es del 3% del precio de compra hasta un máximo de $15,000 USD o lo que sea mayor, y no debe exceder los límites de precio de compra.

**Visita:**
**https://hcr.ny.gov/how-apply**

*DPAL PLUS ATD:*

Ofrece hasta $30,000 USD para compradores de vivienda con ingresos que no excedan el 80% del promedio medio de ingresos del área ingreso — AMI.

DPAL PLUS ATD se puede usar para abonar el pago inicial y costos de cierre hasta que el total de la hipoteca del dinero de compra sea del 80% del valor de la propiedad con un máximo de $30,000 USD. Se puede utilizar para pagar el seguro hipotecario de prima única o MI para transacciones superiores al 80% de LTV.

**Visita:**
**https://hcr.ny.gov/optional-add-features**

# NORTH CAROLINA — NC

La agencia de financiamiento de la vivienda de Carolina del Norte ofrece opciones de asistencia para el pago inicial y va destinado a prestatarios de ingresos bajos a moderados en Carolina del Norte.

**Visita:**
**https://www.nchfa.com/es/home-buyers**

## *NC HOME ADVANTAGEMORTGAGE™:*

Ofrece asistencia para el pago inicial de hasta el 3% del monto del préstamo para los primeros compradores, y compradores que quieran mudarse a una casa nueva.

Proporciona a las personas calificadas hipotecas estables de tasa fija y asistencia para el pago inicial de hasta el 3% del monto del préstamo. La agencia también ofrece una opción de asistencia para el pago inicial de $15,000 USD.

**Visita:**
**https://www.nchfa.com/es/compradores-de-vivienda/programa-nc-home-advantage-mortgage**

## CRÉDITO FISCAL NC *HOME ADVANTAGE*:

Puede ahorrar hasta $2,000 USD en impuestos federales cada año para los compradores que solicitan y son aprobados para un Certificado de Crédito Hipotecario antes de la compra de su vivienda.

Este se puede combinar con la hipoteca™ *NC Home Advantage*, pero no con el pago inicial de NC *1st Home Advantage.*

**Visita:**
**https://www.nchfa.com/es/compradores-de-vivienda/deducci%C3%B3n-tributaria-ventajosa-nc-home-advantage-tax-credit**

### *PROGRAMAS COMUNITARIOS:*

Organizaciones locales sin fines de lucro y agencias gubernamentales adicionalmente se juntan para ofrecer asistencia para el pago inicial a través de diferentes programas comunitarios de compra de viviendas — *Community Partners Loan Pool — CPLP.*

Aplica para las personas que están por debajo del 80% del ingreso medio en el condado, y puede recibir hasta un 25% del precio de venta hasta un máximo de $50,000 USD a través de los Fondos de préstamos para socios comunitarios.

La asistencia se proporciona como un préstamo subordinado sin intereses que debe combinarse con una hipoteca™ *NC Home Advantage* o un préstamo directo de la sección 502 del USDA. Los prestatarios deben solicitar asistencia para trabajar con un miembro participante de la CPLP.

## HIPOTECAS COMPARTIDAS CON HÁBITAT: FONDO DE PRÉSTAMOS DE AUTOAYUDA — SHLP:

SHLP trabaja con afiliados participantes de Hábitat para la Humanidad — Miembro de SHLP, que proporciona financiamiento hipotecario compartido sin intereses para ayudar a los compradores elegibles de ingresos bajos y moderados a comprar una casa de Hábitat.

**Visita:**
**https://www.nchfa.com/es/home-buyers/programas-comunitarios-de-compra-de-vivienda**

# NORTH DAKOTA — ND

La agencia de financiamiento de la vivienda de Dakota del Norte conocida por sus siglas en inglés: NDHFA, tiene dos programas llamados *START* y *DCA*, que están destinados a ayudar con los costos de cierre para la compra de una vivienda por adelantado.

Ambos pueden ofrecer hasta el 3% del monto de la hipoteca para el pago inicial, costos de cierre y prepagados. Tiene limitaciones en el ingreso dependiendo del área.

**Visita:**
**https://www.ndhfa.org/index.php/homeownership-programs/**
**https://www.ndhfa.org/index.php/homeownership-programs/income-and-purchase-price-limits-firsthome/**

### *START PROGRAM:*

A través del programa *START, NDHFA* proporciona a los compradores de ingresos bajos a moderados préstamos hipotecarios asequibles que incluyen asistencia para el pago inicial y costos de cierre. El monto de la asistencia equivale al 3% del monto del primer préstamo hipotecario en forma de crédito y se puede utilizar para el pago inicial, costos de cierre y de prepagados.

No se puede usar junto con ningún otro programa de asistencia para el pago inicial, y solo se puede usar en propiedades de una o dos unidades siempre y cuando una unidad este ocupada por el prestatario.

### PROGRAMA DCA:

Este programa proporciona a los compradores de bajos ingresos préstamos hipotecarios asequibles que incluyen asistencia para el pago inicial y costos de cierre.

El monto de la asistencia equivale al 3% del monto del primer préstamo hipotecario en forma de crédito y se puede utilizar para el pago inicial, costos de cierre y gastos prepagados.

- DCA no se puede usar junto con ningún otro programa de asistencia para el pago inicial.
- Debe cumplir con los límites de ingresos, que varían según el condado y el tamaño de la familia.
- Solo propiedades de una o dos unidades y una de ellas debe estar ocupada por el prestatario.
- Debe completar un curso de educación para compradores de vivienda y recibir un certificado de finalización con fecha anterior al cierre del préstamo.

**Visita:**
**https://www.ndhfa.org/index.php/homeownership-programs/**

# OHIO — OH

La Agencia de Financiamiento de la Vivienda de Ohio conocida por sus siglas en inglés: OHFA, ofrece préstamos gubernamentales convencionales a 30 años, de tasa fija, FHA, VA y USDA-RD con generosos límites de ingresos y precios de compra, diseñados especialmente para compradores de vivienda con ingresos bajos y moderados.

## *YOUR CHOICE* - PROGRAMA TÚ ELIGES:

La asistencia para el pago inicial permite a los compradores de vivienda bajo este programa, elegir entre el 2.5% o el 5% del precio de compra de la vivienda. La asistencia se puede aplicar al pago inicial, costos de cierre u otros gastos previos al cierre. Esta ayuda se perdona después de siete años.

Si vende su casa antes de los siete años, debe devolver toda la asistencia proporcionada. Necesitará un puntaje de crédito no menor de 640 en préstamos convencionales, USDA o VA, y no menos de 650 en préstamos FHA.

La relación deuda ingreso también aplica de acuerdo con las normas de los requerimientos de los préstamos.

**Visita:**
**https://myohiohome.org/index.aspx**
**https://myohiohome.org/downpaymentassistance.aspx**

## *GRANTS FOR GRADS OHFA* - SUBVENCIONES PARA GRADUADOS:

Las subvenciones para graduados de la agencia de financiamiento de la vivienda de Ohio — OHFA, ofrecen una tasa de interés hipotecaria con descuento a los recién graduados como un incentivo adicional para ayudar en la compra de su vivienda.

Las becas para graduados incluyen 2.5% o 5% de asistencia para el pago inicial, y se perdona después de cinco años, siempre y cuando permanezca en el estado de Ohio.

Si vende su propiedad y se muda fuera de Ohio dentro de los cinco primeros años, debe reembolsar parte o la totalidad de la asistencia proporcionada. Debe tener un puntaje de crédito no menor de 640 para los prestamos convencionales, USDA y VA, y un puntaje de crédito mínimo de 650 para los prestamos FHA.

**Visita:**
**https://myohiohome.org/grantsforgrads.aspx**

## *COMMUNITIES FIRST DPA* - COMUNIDADES PRIMERO:

La autoridad de desarrollo del Puerto del Gran Cincinnati conocido como *The Port* ofrece el programa de asistencia para el pago inicial de *Communities First*, que proporciona financiamiento para la primera hipoteca y subvenciones de asistencia para el pago inicial y costo de cierre a compradores de vivienda elegibles.

Si es elegible, *Communities First Ohio* podría ofrecerle una subvención del 3%, 4% o 5% del precio de compra de su vivienda para cubrir el pago inicial y costos de cierre, y es subvencionado, no tiene que devolverlo.

Requiere un puntaje de crédito mínimo de 620, los ingresos requeridos aplican y varían de condado a condado, tiene que ser su residencia principal y trabajar con instituciones financieras aprobadas.

**Visita:**
**https://www.communitiesfirstohio.com/for-homebuyers/**

# OKLAHOMA — OK

La agencia de financiamiento de la vivienda de Oklahoma conocida por sus siglas en inglés: OHFA, y REI Oklahoma ofrecen asistencia para el pago inicial y costos de cierre a los compradores de vivienda en el estado de Oklahoma.

*DOWN PAYMENT ASSISTANCE:*

Ofrece asistencia para el pago inicial y/o el costo de cierre para compradores de vivienda, otorgando hasta el 3.5% del monto total del préstamo para la adquisición de su vivienda. Esta asistencia aplica junto con los prestamos FHA, USDA-RD, VA y préstamos convencionales.

Tiene que ser ocupada como su residencia principal, un puntaje de crédito mínimo de 640, otros requerimientos de elegibilidad aplican dependiendo del tipo de préstamo.

**REI INICIO 100:**

Es una organización sin fines de lucro, que ofrece financiamiento de vivienda asequible en forma de préstamo convencional o del gobierno, junto con asistencia para el pago inicial a los compradores de vivienda que califiquen. La asistencia para el pago inicial se proporciona como un regalo o como una segunda hipoteca perdonable después de siete años.

Dependiendo de la primera hipoteca podría recibir hasta el 5% del préstamo. No se requiere ser primer comprador, pero su relación deuda — ingresos no debe ser superior al 45%; sus ingresos deben estar dentro de los límites establecidos por REO Oklahoma, y un prestamista aprobado por *REI Oklahoma.*

**Visita:**
**https://www.ohfa.org/homebuyers/**
**https://www.ohfa.org/eligibility-tool/**

# OREGON — OR

El departamento de vivienda y servicios comunitarios de Oregón conocida por sus siglas en inglés: OHCS, ofrece programas de asistencia para el pago inicial para primeros compradores de vivienda. Están destinados a familias e individuos de bajos ingresos con un enfoque en particular en las poblaciones desentendidas.

La agencia estatal provee fondos a varias agencias locales para que brinden asistencia directa a los compradores de vivienda, y son proporcionados a través del año.

***DOWN PAYMENT ASSISTANCE:***

Los fondos del programa de asistencia para el pago inicial se otorgan a organizaciones de todo el estado para crear, continuar y expandir sus programas de asistencia para el pago inicial existentes.

Una primera hipoteca de tasa fija en combinación con una segunda hipoteca perdonable silenciosa o un segundo gravamen reembolsable amortizable. Los fondos de DPA se pueden usar para hasta el 100% de los requisitos de efectivo del prestatario para el pago inicial, costos de cierre, prepagados, seguro hipotecario y otros gastos relacionados con el préstamo.

Los compradores de vivienda elegibles deben completar la educación para compradores de vivienda y asesoramiento recomendado por una organización calificada. Chequea la lista de organizaciones participantes otorgadas por DPA y los condados que sirven:

**Visita:**
**https://www.oregon.gov/ohcs/homeownership/Pages/loan-programs.aspx**
**https://www.oregon.gov/ohcs/homeownership/Documents/Homeownership%20Programs%20DPA%20Award%20List.pdf**

### *FLEX LENDING:*

Un programa de préstamos primero en su tipo, para ayudar a cumplir la misión de OHCS de brindar más oportunidades de propiedad de vivienda para residentes de Oregón de ingresos bajos a moderados. Junto con la asistencia para el pago inicial - DPA, Flex Lending ayuda a los residentes de Oregón a comprar viviendas en asociación con prestamistas hipotecarios aprobados.

El programa de préstamos flexibles proporciona una primera hipoteca de tasa fija en combinación con una segunda hipoteca en forma de una segunda hipoteca silenciosa, perdonable o reembolsable amortizable.

Los fondos se pueden usar hasta el 100% de los requisitos de efectivo del prestatario para el pago inicial, costos de cierre, prepagados, seguro hipotecario pagado y gastos relacionados con el préstamo.

**Visita:**
**https://www.oregon.gov/ohcs/homeownership/Pages/flex-lending.aspx**

# PENNSYLVANIA — PA

La agencia de financiamiento de la vivienda de Pennsylvania conocida por sus siglas en inglés: PHFA, ofrece muchos programas de pago inicial.

## *KEYSTONE ADVANTAGE* — DPA:

Ofrece una segunda hipoteca a 10 años con 0% de interés de hasta el 4% del precio de compra, valor de mercado o $6,000 USD, lo que sea menor. Estos fondos se pueden utilizar para el pago inicial y costos de cierre.

## LA SUBVENCIÓN PHFA:

Proporciona asistencia de subvención de $500 USD para ayudar con el pago inicial y costos de cierre al obtener el préstamo *HFAPreferred*™ con baja aseguranza al préstamo — MI. La subvención PHFA de $500 USD no requiere reembolso y debe usarse para la compra de la casa.

## KEYSTONE ASISTENCIA PERDONABLE EN 10 AÑOS K-FIT

Se ofrece para compradores de vivienda calificados, brindando asistencia para el pago inicial y costos de cierre. Este programa proporciona un segundo préstamo hipotecario para ayudar a los compradores a complementar los costos de la compra de una vivienda.

Los prestatarios elegibles pueden recibir hasta el 5% del precio de compra o el valor de tasación, lo que sea menor, sin límite máximo en dólares en asistencia para el pago inicial y costos de cierre.

El préstamo K-FIT se perdona anualmente durante diez años a una tasa del 10% al año.

## *DPA — HOMESTEAD* CUOTA INICIAL Y COSTOS DE CIERRE:

Los compradores de vivienda elegibles para el programa *HOMEstead* pueden calificar para obtener hasta $10,000 USD en asistencia para el pago inicial y costos de cierre en forma de un segundo préstamo hipotecario sin intereses.

Este préstamo se perdona descontándose un 20% por año durante cinco años.

Después de ese tiempo, la deuda queda saldada. Una tarifa del 1% que cobra el programa puede ser financiada por el préstamo *HOMEstead.*

## PROGRAMA PARA PERSONAS CON DISCAPACIDAD:

Puede ser eligible para recibir un préstamo sin intereses de hasta $15,000 USD. Para el pago inicial y costos de cierre si usted o un miembro de su familia tiene una discapacidad. También ofrece opciones adicionales para modificaciones de accesibilidad.

La agencia de financiamiento de la vivienda de Pensilvania — PHFA, ofrece préstamos hipotecarios con tasas de interés y cargos competitivos a través de cualquiera de los programas de préstamos para la compra de vivienda de primera hipoteca de la Agencia: *Keystone Home Loan, KeystoneGovernment Loan, HFA Preferred™ (Lo MI), HFA Preferred Risk Sharing™* (No MI)). Todos estos programas ofrecen una tasa de interés fija durante 30 años.

## *EMPLOYER ASSISTED HOUSING EAH:*

Si su empleador es parte de un programa de EAH, puede calificar para obtener un máximo de $8,000. En asistencia para el pago inicial y los costos de cierre en forma de un préstamo sin intereses amortizados en 10 años.

**Visita:**
**https://www.phfa.org/programs/assistance.aspx**

# RHODE ISLAND — RI

*Rhode Island Housing — RIHousing* ofrece una combinación de subvenciones y préstamos reembolsables de asistencia para el pago inicial que se utilizan junto con una hipoteca *RIHousing.*

El precio máximo de compra para todos los programas de DPA es de $546,752 USD, con límites de ingresos de $112,555 USD para un hogar de 1 a 2 personas y $129,438 USD para hogares más grandes.

*10K DPA:*

Los prestatarios aprobados pueden obtener hasta un máximo de $10,000 USD para el pago inicial. Este es un préstamo sin intereses que se paga cuando se vende, transfiere o refinancia la propiedad. En este programa se requiere un puntaje de crédito mínimo de 660.

**Visita:**
**https://www.rihousing.com/es/10kdpa/**

## *EXTRA ASSISTANCE PROGRAM* - PROGRAMA DE ASISTENCIA-EXTRA:

Los solicitantes aprobados pueden obtener hasta el 6% del precio de compra o $15,000 USD, lo que sea menor, como ayuda para el pago inicial. La asistencia es un segundo gravamen hipotecario sobre su casa puede ser cero o la misma que la tasa de interés de su primera hipoteca. Mínimo puntaje de crédito es de 620, y se pueden utilizar para el pago inicial y los costos de cierre.

**Visita:**
**https://www.rihousing.com/es/ayuda-adicional**

## *FIRSTGENHOMERI* - PRIMERA GENERACIÓN DE COMPRADORES

Un programa dedicado para compradores de vivienda de la primera generación en ciudades específicas que ofrece un préstamo perdonable de hasta $25,000 USD que se pueden utilizar para el pago inicial y los costos de cierre. Es un préstamo sin intereses ni pagos mensuales que se perdona después de cinco años.

**Visita:**
**https://www.rihousing.com/es/firstgenhomeri/**
**https://www.rihousing.com/es/comprador**

# SOUTH CAROLINA — SC

La autoridad de desarrollo y financiamiento de la vivienda del estado de Carolina del Sur, o *SC Housing*, ofrece préstamos hipotecarios y varias opciones de asistencia para el pago inicial.

## SC HOUSING FORGIVABLE DOWN PAYMENT ASSISTANCE PROGRAM - PRÉSTAMO PERDONABLE:

Ofrece hasta $8,000 USD para el pago inicial, costos de cierre y/o los costos prepagados. Los prestatarios deben cumplir con el precio de venta y los límites de ingresos, además de los requisitos de la primera hipoteca de *SC Housing* y está disponible para casas nuevas y existentes. Una segunda hipoteca con un plazo de quince años. La tasa de interés es cero y no hay pagos mensuales. El prestatario debe ocupar la propiedad durante el plazo (10 o 20 años) del gravamen para que la asistencia sea perdonada en su totalidad

## *SC PALMETTO HOME ADVANTAGE PROGRAM:*

*Palmetto Home Advantage* ofrece opciones de préstamos convencionales de FHA, VA y USDA para primeros compradores de vivienda y para quienes se mudan y que repiten sin requisitos de primer comprador, para viviendas nuevas y existentes, incluidas las viviendas prefabricadas (convencionales y FHA) en los 46 condados de Carolina del Sur.

Ofrece una asistencia de 3% o 4% del monto del préstamo. Se requiere un puntaje de crédito mínimo de 640 para ser elegible. Es un préstamo perdonable de 10 años y con una tasa de interés del 0% similar al Programa de Propiedad de Vivienda *SC Housing.*

## *SC HOUSING CHOICE VOUCHER HOMEOWNERSHIP PROGRAM — HCV:*

Para los participantes activos de vales de elección de vivienda que están rentando. Para calificar el jefe de familia debe haber rentado la vivienda por lo menos un año utilizando un vale HCV/Sección 8, estar al día con todos los estándares del programa HCV y requiere un historial de trabajo completo por un mínimo de un año.

**Visita:**
**https://www.schousing.com/Home/HomeBuyers**

# SOUTH DAKOTA — SD

La autoridad de desarrollo de vivienda de Dakota del Sur conocida por sus siglas en inglés: *SDHDA*, ofrece asistencia para el pago inicial a través del préstamo de tasa fija Plus.

**Visita:**
**https://www.sdhousing.org/ready-to-buy/first-time-homebuyer#gsc.tab=0**

***DOWN PAYMENT ASSISTANCE:***

Puede obtener ayuda del 3% o 5% del precio de compra para la compra de una propiedad. En la forma de segunda hipoteca con 0% interés y sin pagos mensuales sin cargos adicionales.

El monto se repaga cuando vende o refinancia la propiedad.

**Visita:**
**https://www.sdhousing.org/ready-to-buy/available-programs/downpayment-assistance#gsc.tab=0**
**https://www.sdhousing.org/ready-to-buy/available-programs/downpayment-assistance#**

***REPEATED HOMEBUYER* – COMPRADOR DE VIVIENDA REPETIDO:**

Es una forma más de ayudar a los compradores de viviendas habituales a acceder a su próxima casa con facilidad y por menos dinero de su bolsillo, que ofrece una tasa de interés baja y a plazo fijo y le ayuda con la asistencia para el pago inicial y costos de cierre, en adición a un pago de seguro hipotecario reducido.

Tiene un ingreso limitado de menos de $111,120 USD para una familia de dos o menos y $129,640 USD para una familia de tres o más. El límite del precio de compra es de $460,000 USD y puntaje de crédito mínimo de 620.

**Visita:**
**https://www.sdhousing.org/ready-to-buy/repeat-homebuyers#gsc.tab=0**

## *GOVERNOR'S HOUSE PROGRAM* – PROGRAMA DE LA CASA DEL GOBERNADOR

**Affordable—efficient—home ** * Asequible—eficaz—hogar**

El programa distintivo de *South Dakota Housing*, la casa del gobernador ofrece una vivienda de bajo mantenimiento, de tamaño razonable y económica para aquellos que califican según sus ingresos. Particularmente dirigido para aquellas personas de la tercera edad, con discapacidades o con ingresos bajos a moderados.

Para calificar, los compradores deben:

- Ganar $64,820 USD o menos en un hogar de una o dos personas o $74,080 USD o menos en un hogar de tres o más.
- Tener un patrimonio neto de menos de $125,000 USD, o $105,000 USD en activos líquidos, para solicitantes de 61 años o menos.
- Tener un patrimonio neto de menos de $250,000 USD, o $140,000 USD en activos líquidos, para solicitantes de 62 años o más.
- Considera la casa como su única residencia y dentro del estado de Dakota del Sur.

**Visita:**
**https://www.sdhousing.org/ready-to-buy/available-programs/governors-house-program#gsc.tab=0**
**https://www.sdhousing.org/ready-to-buy#gsc.tab=0**

# TENNESSEE — TN

El fondo de vivienda proporciona un préstamo de hasta $35,000 USD para el pago inicial, los pagos anticipados y costos de cierre a individuos y familias para la compra de una propiedad.

### *DOWN PAYMENT ASSISTANCE DEFERRED OPTIONS* – ASISTENCIA CON PAGOS DIFERIDOS:

Puede recibir hasta $6,000 USD de ayuda para la cuota inicial en la forma de segunda hipoteca perdonable. Este préstamo no tiene intereses y los pagos se difieren hasta el final de plazo de 30 años. El reembolso se vence en su totalidad al momento que vende o refinancia la propiedad.

### *AMORTIZING OPTION* – OPCIÓN DE PAGOS:

Puede recibir hasta $6,000 USD de ayuda para la cuota inicial en la forma de segunda hipoteca perdonable. Este préstamo se paga mensualmente al mismo interés de la primera hipoteca por 30 años.

### *HOMEOWNERSHIP FOR HEROES* – VIVIENDA PARA-HEROES

Es un tipo de préstamo hipotecario *Great Choice* que ofrece asistencia financiera junto con estos beneficios adicionales:

- Reducción de la tasa de interés en medio punto porcentual (0.5%)
- El programa está disponible para:
- Militares en servicio activo, Guardia Nacional y veteranos
- Agentes de la ley estatales y locales
- Técnicos de emergencias médicas/paramédicos
- Bomberos

**Visita:**
**https://thda.org/homebuyers/down-payment-assistance**
**https://thehousingfund.org/downpayment-assistance/**
**https://thda.org/homebuyers/first-time-homebuyers**
**https://thda.org/homebuyers/homeownership-for-heroes**

# TEXAS — TX

La corporación de vivienda asequible del estado de Texas TSAHC, ofrece a los primeros compradores y compradores habituales a comprar una vivienda a través de esta organización sin fines de lucro que fue creada por la Legislatura de Texas para ayudar a los tejanos a lograr su sueño de ser propietarios de una vivienda.

### *TSAHC:*

Proporciona financiamiento hipotecario de tasa fija, subvenciones de asistencia para el pago inicial y segundos gravámenes, así como certificados de crédito hipotecario para maestros, oficiales de policía, oficiales correccionales, bomberos, personal de EMS, veteranos y hogares de ingresos bajos y moderados. Los programas para compradores de vivienda están abiertos a primeros compradores, así como a compradores de vivienda habituales y propietarios existentes.

### *MY FIRST TEXAS HOME* — MI PRIMERA CASA TEXAS:

Puede recibir una asistencia del pago inicial de hasta 5% de forma de una segunda hipoteca con intereses bajos que podría ser perdonada dependiendo del programa al cual califique.

**Visita:**
**https://thetexashomebuyerprogram.com/es/compradores-de-vivienda**

### *MORTGAGE CREDIT CERTIFICATE (MCC)* — CERTIFICADOS DE CRÉDITO HIPOTECARIO:

Ofrecido a veteranos y primeros compradores de vivienda proporcionando una reducción dólar por dólar en sus impuestos federales.

### *HOMES FOR TEXAS HEROES PROGRAM* - VIVIENDA PARA HEROES DE TEXAS

La Corporación de Vivienda Asequible del Estado de Texas - TSAHC, ayuda a los tejanos a comprar una casa para ellos y sus familias. El Programa ayuda a las siguientes profesiones de héroes* con asistencia para el pago inicial y préstamos hipotecarios de tasa fija:

- Educadores profesionales, que incluyen los siguientes puestos de tiempo completo en un distrito escolar público: maestros de escuela, ayudantes de maestros, bibliotecarios escolares, consejeros.
- Enfermeras escolares
- Agentes de policía y agentes de seguridad pública
- Bomberos y personal de EMS
- Veteranos o militares activos
- Funcionarios de prisiones y funcionarios de prisiones de menores
- Facultad de Enfermería y Facultad de Salud

**Visita:**
**https://www.tsahc.org/homebuyers-renters/loans-down-payment-assistance**
**https://www.tsahc.org/homebuyers-renters/ready-to-buy-a-home**

# UTAH — UT

La corporación de Vivienda de Utah UHC ofrece préstamos de asistencia para el pago inicial para compradores de vivienda que aseguran su hipoteca principal a través de UHC.

Estos programas pueden cubrir potencialmente todo el pago inicial mínimo requerido y algunos o todos los costos de cierre.

***UHC FIRSTHOME LOAN DPA:***

Dirigido a los primeros compradores a través de *Utah Housing*, proporcionará un segundo préstamo de hasta el 6% del monto del primer préstamo hipotecario. Estos fondos se pueden utilizar para el pago inicial y/o los costos de cierre de cualquier programa de préstamos de vivienda de Utah. Puntaje mínimo de crédito: 660.

La ayuda está disponible cuando se combina con uno de los programas de préstamos de *Utah Housing*. Esta segunda hipoteca es de tasa fija a 30 años, ocupada por el propietario y con una tasa de interés del 1% más alta que la tasa de interés de la primera hipoteca. Los pagos mensuales de la primera y segunda hipoteca se pagarán a *Utah Housing*. Su prestamista le ayudará a determinar cuánto pago inicial necesitará en función de su precio de venta.

**Visita:**
**https://www.utahhomegrant.com/utah-housing-firsthome-loan/**

***UHC HOMEAGAIN LOAN:***

Dirigido para los compradores habituales otorgando un segundo préstamo de hasta el 6% del monto del primer préstamo hipotecario. Estos fondos se pueden utilizar para el pago inicial y/o los costos de cierre de cualquier programa de préstamos de vivienda de Utah. Puntaje de crédito mínimo requerido de 660.

**Visita:**
**https://utahhousingcorp.org/pdf/homebuyerDPA.pdf**

## *UHC SCORE LOAN DPA:*

Ofrece hasta un 4% del monto de préstamo y para calificar debe de tener un puntaje de crédito mínimo de 620. Esta asistencia viene en forma de segunda hipoteca de tasa fija y puede utilizarse para la cuota inicial y costos de cierre.

**Visita:**
**https://www.utahhomegrant.com/utah-housing-corp-score-loan/#:~:text=Utah%20Housing%20Score%20Loan&text=The%20DPA%20portion%20allows%20for,the%20property%20may%20be%20rented**

## UHC HFA ADVANTAGE LOAN DPA:

Ofrece hasta el 6% del monto del préstamo hipotecario principal, con un máximo de $25,000 USD. Puntaje mínimo de crédito es requerido no menor de 700.

**Visita:**
**https://utahhousingcorp.org/pdf/Form313.pdf**

## *UTAH VETERAN FIRST-TIME GRANT:*

Los veteranos militares y miembros del servicio activo pueden recibir una subvención de $2,500 USD para ayudar con al pago inicial y los costos de cierre. No se requiere reembolso.

**Visita:**
**https://veterans.utah.gov/first-time-homebuyer-grant/**

## *UTAH FIRST-TIME HOMEBUYER LAW ENFORCEMENT OFFICER GRANT:*

Puede recibir una subvención de hasta 3.5% del valor de la vivienda o hasta un máximo de $25,000 USD y no se requiere reembolso.

**Visita:**
**https://utahhousingcorp.org/lenders/law-enforcement-grants**
**https://www.utahhomegrant.com/utah-housing-corporation-down-payment-assistance/**

# VERMONT — VT

La agencia de financiamiento de vivienda de Vermont - VHFA, es una organización local sin fines de lucro que ofrece préstamos hipotecarios asequibles a compradores de viviendas elegibles y se ofrecen a través de prestamistas participantes.

**Visita:**
**https://www.vhfa.org/partners/initiatives/program-impacts/down-payment-assistance**

*MOVE:*

Ofrece asistencia con Asistencia para los primeros compradores de vivienda con una máximo de hasta $7,500 USD si compra en: Addison, Bennington, Chittenden, Grand Isle, or Windsor County.

Para el pago inicial, el seguro hipotecario mensual es más bajo cuando se utiliza un préstamo convencional de Fannie Mae o Freddie Mac. Mínimo puntaje de crédito de 640, límites en ingresos y puede trabajar junto con el *Mortgage Credit Certificate MCC*, aunque algunas restricciones aplican.

*MOVE MCC:*

Ofrece asistencia para los primeros compradores de vivienda en: Addison, Bennington, Chittenden, Grand Isle, o Windsor County. Un préstamo de 30 años con tasa fija de interés, hasta $825 USD de ahorro en el impuesto de transferencia de propiedad al cierre.

Mínimo puntaje de crédito: 640, límites en ingresos, y puede trabajar junto con el *Mortgage Credit Certificate MCC* de hasta $2,000 USD, algunas restricciones aplican.

*ADVANTAGE:*

Ofrece asistencia con para primeros compradores de vivienda en: Addison, Bennington, Chittenden, Grand Isle, o Windsor County. Ofrece un préstamo de 30 años con tasa fija de interés, hasta $825 USD de ahorro en el impuesto de transferencia de propiedad al cierre. Mínimo puntaje de crédito de 640, límites en ingresos y puede trabajar junto con el *Mortgage Credit Certificate MCC* de hasta $2,000 USD, algunas restricciones aplican.

### *ASSIST DOWN PAYMENT AND CLOSING COSTS ASSISTANCE* - ASISTENCIA PARA EL PAGO INICIAL Y COSTOS DE CIERRE:

Ofrece un préstamo con 0% de interés sin pagos mensuales hasta que la propiedad se venda. Trabaja solo con un programa hipotecario *VHFA Move, Move MCC o Advantage.*

Los prestatarios y los cónyuges deben ser primeros compradores de vivienda. Monto máximo del préstamo de $10,000 USD o $15,000 USD según los ingresos y no está disponible con préstamos para veteranos —VA.

### *MORTGAGE CREDIT CERTIFICATE (MCC):*

Crédito fiscal federal de hasta $2,000 USD cada año. Los prestatarios viven en la casa y pagan intereses sobre la hipoteca. Se aplican restricciones. Disponible con MOVE MCC o con una hipoteca que no sea de VHFA ofrecida por un prestamista participante de VHFA.

### *FIRST GENERATION HOMEBUYER PROGRAM*

Este programa está disponible solo cuando se utiliza un programa de préstamos de VHFA. Una Subvención de $15,000 para el pago inicial y los costos de cierre. Los prestatarios y los cónyuges no prestatarios deben cumplir con los requisitos de elegibilidad para el programa VHFA seleccionado *(MOVE, MOVE MCC, ADVANTAGE) y VHFA ASSIST.*

Se aplican requisitos de elegibilidad para créditos y propiedades. Estas subvenciones disponibles por orden de llegada hasta agotar existencias.

**Visita:**
**https://www.vhfa.org/es/how-to-buy-a-home**

# VIRGINIA— VA

En Virginia, los primeros compradores de vivienda pueden elegir entre una variedad de préstamos hipotecarios especiales y asistencia financiera para el pago inicial de la compra de su vivienda que pueden incluir los costos de cierre de dos agencias estatales.

**Visita:**
**https://www.virginiahousing.com/homebuyers**
**https://www.virginiahousing.com/partners/lenders/down-payment-assistance-grant**

*HOMEownership DPA:*

Proporciona financiamiento flexible para los primeros compradores de vivienda que tengan un ingreso por debajo del 80% del ingreso medio del área — AMI, para comprar viviendas que sean seguras, decentes y accesibles.

La asistencia para el pago inicial se proporciona en forma de una subvención con un «período de asequibilidad» obligatorio para que el solicitante continúe ocupando la casa como su residencia principal.

Un comprador de vivienda elegible por ingresos puede recibir el 10% o 15% siempre y cuando este dentro de las áreas establecidas aprobadas por el DHCD del precio de venta, incluyendo hasta $2,500 USD adicionales para cubrir los costos del cierre.

## *DOWN PAYMENT ASSISTANCE GRANT* – SUBVENCION DE ASISTENCIA PARA EL PAGO INICIAL:

Dirigida para los primeros compradores de vivienda ofreciendo una subvención máxima del 2% al 2.5% del precio de compra, dependiendo del tipo de préstamo hipotecario de *Virginia Housing* que usted reciba. Los fondos de la subvención deben utilizarse con un préstamo de *Virginia Housing* elegible y no pueden exceder los límites del préstamo.

**Visita:**
**https://www.virginiahousing.com/homebuyers/down-payment-assistance-grant**

## *CLOSING COST ASSISTANCE GRANT* – CCA - COSTOS DE CIERRE SUBVENCIÓN:

Dirigida para los primeros compradores de vivienda. La subvención máxima es del 2% del precio de compra y pueden aplicarse para los costos de cierre. Estos fondos también se pueden utilizar para pagar la garantía del servicio de la vivienda rural o la tarifa de financiamiento del VA.

**Visita:**
**https://www.virginiahousing.com/homebuyers/closing-cost-assistance-grant**

## *THE VIRGINIA HOUSING PLUS SECOND MORTGAGE* – SEGUNDA HIPOTECA PLUS:

Dirigido a los primeros compradores y ofrece una segunda hipoteca del 3% al 5% del precio de compra, con un puntaje mínimo de 680, y el tipo de primera hipoteca de Virginia Housing que reciba. Es un préstamo de tasa fija a 30 años, sin penalidad por pagos adelantados. Este préstamo puede cubrir la totalidad de su pago inicial. Los prestatarios deben tener a su disposición el 1% del precio de compra.

**Visita:**
**https://www.virginiahousing.com/homebuyers/plus-second-mortgage**

## *MORTGAGE CREDIT CERTIFICATE MCC* — CERTIFICADO DE CRÉDITO HIPOTECARIO:

Crédito Fiscal Federal sobre la renta dólar por dólar. En Virginia MCC equivale a un 10% de su interés hipotecario anual y se puede combinar con la primera hipoteca de *Virginia Housing.*

## *VIRGINIA GRANTING FREEDOM PROGRAM* – PROGRAMA DE SUBVENCION:

Una subvención de hasta $8,000 USD por residencia o unidad de alquiler está disponible para los veteranos y miembros del servicio de Virginia que sufrieron una lesión en el cumplimiento del deber que resultó en una discapacidad relacionada con el servicio.

**Visita:**
**https://www.virginiahousing.com/homebuyers/military-grants**

## *LOAN COMBO* - PRÉSTAMO COMBO:

Es un paquete de beneficios para ahorrar dinero que hemos reunido especialmente para los que compran casa por primera vez.

**Visita**
**https://www.virginiahousing.com/homebuyers/loan-combo**
**https://www.dhcd.virginia.gov/housing**
**https://www.dhcd.virginia.gov/homebuyer-resources**

# WASHINGTON, D.C. — WA

*The Washington State Housing Finance Commission* conocida por sus siglas en inglés: *WSHFC*, ofrece varios programas estatales para ayudar a los primeros compradores de vivienda a obtener asistencia para el pago inicial.

Sin embargo, estos programas solo están disponibles junto con los programas de préstamos hipotecarios de WSHFC, que incluyen los programas *Home Advantage y Opportunity.*

Esta asistencia para el pago inicial y los costos de cierre ofrece opciones competitivas de financiamiento hipotecario y recursos a través de programas como DC Open Doors y el Programa de asistencia para la compra de vivienda conocido por sus siglas en inglés: HPAP, para hacer que la propiedad de vivienda sea más factible para las personas y familias en el Distrito de Columbia.

**Visita:**
**https://www.wshfc.org/buyers/downpayment.htm**

## *HOME ADVANTAGE* — DPAPL:

En este programa puede obtener un préstamo sin intereses por todo lo que necesite para su pago inicial a través del programa *DCHFA's DC Open Doors.* El DAPL es un préstamo con pago inicial diferido, lo que significa que no hay pagos mensuales.

En su lugar, usted paga el préstamo en su totalidad sin pagar intereses si ocurre alguno de los siguientes eventos:

- 30 años después de la fecha de cierre del préstamo.
- La propiedad se vende o se transfiere.
- Deja de ser su residencia principal.
- Refinancia su primera hipoteca.

Además, si cumple con los requisitos, puede ser elegible para un Certificado de Crédito Hipotecario - MCC que paga cada año.

**Visita:**
**https://www.dchfa.org/homeownership/available-programs/dc-open-doors/**

*DHCD — HPAP:*

El programa HPAP, administrado por el Departamento de vivienda y desarrollo comunitario — DHCD, proporciona asistencia para el pago inicial y los costos de cierre a compradores de vivienda por primera vez de ingresos bajos a moderados en Washington, D.C. HPAP ofrece préstamos de pago diferido sin intereses que se pagan cuando se vende o refinancia la propiedad.

**Visita:**
**https://dhcd.dc.gov/service/home-purchase-assistance-program**

*DHCD — EMPLOYER-ASSISTED HOUSING PROGRAM - EAHP:*

El programa de vivienda asistida por el empleador -EAHP, está diseñado para ayudar a los empleados elegibles del gobierno del distrito a comprar su primera vivienda unifamiliar, condominio o unidad cooperativa en el distrito.

Proporciona un préstamo diferido con un interés del 0% y una subvención de fondos de contrapartida para cubrir el pago inicial y los costos de cierre. Dado que el préstamo es una segunda hipoteca diferida, no se requiere ningún pago hasta que venda, refinancie o deje de ocupar la propiedad como su residencia principal.

**Visita:**
**https://dhcd.dc.gov/page/eahp—eligibility-how-apply-and-program-details**

*VETERANS — DPA:*

Es un programa de asistencia para el pago inicial, en un segundo préstamo hipotecario con una tasa de interés del 3% y pagos diferidos por hasta 30 años para veteranos del estado de Washington que han servido a nuestro país. Veterans se combina con el programa de préstamos hipotecarios *Home Advantage o House Key.*

**Visita:**
**https://www.wshfc.org/buyers/keyveterans.htm**

### *HOMECHOICE – DPA:*

Es un programa de asistencia para el pago inicial, un segundo programa de préstamos hipotecarios para prestatarios calificados que tienen una discapacidad o que tienen un familiar con una discapacidad que vive con ellos.

Fondos de hasta $15,000 USD, HomeChoice se combina con los programas de préstamos hipotecarios House Key y Home Advantage.

**Visita:**
**https://www.wshfc.org/buyers/key.htm**
**https://www.wshfc.org/buyers/HomeAdvantage.htm**
**https://www.wshfc.org/buyers/homechoice.htm**

Se requiere asesoramiento individual. El Programa ofrece hasta $15,000 USD por hogar con un interés del 1% y pago diferido de la segunda hipoteca. Las segundas hipotecas vencen cuando se vende la casa, o si la casa se refinancia o después de 30 años.

# WEST VIRGINIA — WV

El fondo de desarrollo de vivienda de Virginia Occidental – WVHDF, ofrece dos opciones para ayudar a los primeros compradores con el pago inicial.

*WVHDF — DPA:*

Es ofrecida como una segunda hipoteca con un tipo de interés más favorable que debe reembolsarse simultáneamente con la hipoteca principal. Los prestatarios pueden obtener hasta $7,500 USD si la relación préstamo—ingreso es más o igual al 90% del valor la propiedad, y hasta $10,000 USD si la relación préstamo—ingreso es menos del 90% del valor de la propiedad.

*WVHDF MOVIN' UP — DPA:*

Es ofrecida como una segunda hipoteca con un tipo de interés más favorable que debe reembolsarse simultáneamente con la hipoteca principal en un plazo de 15 años. Los prestatarios pueden obtener hasta $5,000 USD si la relación préstamo—ingreso es más o igual al 90% del valor la propiedad, y hasta $8,000 USD si la relación préstamo—ingreso es menos del 90% del valor del valor de la propiedad.

**Visita:**
**https://www.wvhdf.com/news-room/video-gallery**
**https://www.wvhdf.com/home-buyers/homeownership-program**
**https://www.wvhdf.com/wp-content/uploads/2023/06/3.HP_2023_Homeownership-Movin-Up-Income-and-House-Price-Limits_WVHDF_6.2023_FINAL.pdf**

# WISCONSIN — WI

La autoridad de vivienda y desarrollo económico de Wisconsin proporciona dos segundos préstamos hipotecarios, uno diferido y otro amortizado a compradores calificados en el estado.

***WHEDA EASY CLOSE:***

Los montos de los prestamos oscilan entre $1,000 USD y el 6% del precio de compra. Es una segunda hipoteca a 10 años con tasa de interés fija. La tasa de interés será la misma que la de su primera hipoteca y esta ayuda se puede combinar con préstamos convencionales, FHA y WHEDA.

***WHEDA CAPITAL ACCESS:***

Ofrece hasta $7,500 USD de ayuda. Es un préstamo silencioso a 30 años sin intereses o pagos mensuales. El reembolso se vence cuando vende, refinancia o termina de pagar su hipoteca principal.

**Visita:**
**https://www.wheda.com/homeownership-and-renters/home-buyers/six-steps-to-a-wheda-loan/available-programs**
**https://www.wheda.com/homeownership-and-renters/home-buyers/six-steps-to-a-wheda-loan**

# WYOMING — WY

La autoridad de desarrollo comunitario de Wyoming—WCDA ofrece varios programas de asistencia para el pago inicial, costos de cierre y costos prepagados, y cada programa DPA tiene características similares:

- Monto máximo de préstamo de $15,000 USD.
- Puntaje mínimo de crédito: 620.
- Contribución mínima del prestatario de $1,500 USD que puede ser un regalo.

### *WCDA HOMESTRECH — DPA:*

Es ofrecido para los primeros compradores de vivienda. Tasa de interés al 0% y APR del 0.080% basado en el monto promedio del préstamo de $5,500 USD. No se requiere pago mensual, pero la ayuda se reembolsa si vende, refinancia o se termina el plazo del préstamo en la primera hipoteca de 30 años.

### *WCDA PRÉSTAMO AMORTIZABLE — DPA:*

Se puede complementar con los programas *HFA Preferred* con o sin aseguranza del préstamo MI. La tasa de interés fija, pagos mensuales bajos por diez años y se tiene que reembolsar.

Se requiere que tenga:

- Puntaje mínimo de crédito: 620.
- Contribución mínima del prestatario de $1,500 USD que puede ser un regalo.

## CERTIFICADO DE CRÉDITO HIPOTECARIO — MCC:

Es un crédito fiscal para primeros compradores de vivienda. El prestatario calificado puede obtener un crédito para su obligación tributaria federal basado en un cálculo sobre los intereses hipotecarios pagados.

**Visita:**
**https://www.wyomingcda.com/homebuyers/**

# CAPÍTULO VIII: **LA OFERTA Y ARTE DE LA NEGOCIACIÓN**

*El arte de negociar está en la capacidad de comunicarse con elocuencia, persuadir con integridad y construir puentes que trasciendan las diferencias.*

Cada transacción inmobiliaria es única y los factores que influyen en la decisión del vendedor pueden variar. Al considerar cuidadosamente los puntos clave y adaptar la oferta a la situación específica, se aumentan las posibilidades de presentar una propuesta convincente que el vendedor podría aceptar.

Una oferta, también conocida como «*Real Estate Purchase Agreement*» (Acuerdo de compra de bienes raíces) en inglés, es un documento legal que formaliza los términos y condiciones de la compra de una vivienda. Se trata de una propuesta escrita que detalla aspectos como el precio de compra, condiciones de la propiedad, plazo de cierre, depósito de garantía, inspecciones, evaluaciones y responsabilidades de ambas partes.

Una vez que ambas partes han firmado el contrato de compraventa, este se vuelve vinculante y guía el resto del proceso de cierre. La claridad en los términos del contrato es esencial para evitar malentendidos y disputas en el futuro, convirtiéndose en un paso crucial en la adquisición de una propiedad y proporcionando una base legal sólida para la transacción.

En los Contratos de Compraventa, a diferencia de los Contratos de Venta, varía el orden, momento y proceso de aceptación. En un contrato de compraventa, el comprador realiza la primera oferta y el vendedor responde, mientras que, en un contrato de venta, es el vendedor quien hace la primera oferta y el comprador responde. Ambos contratos se consolidan como definitivos una vez que ambas partes los firman.

Es natural aspirar a redactar la mejor oferta para adquirir la propiedad deseada. Sin embargo, presentar una oferta excesivamente baja conlleva riesgos, ya que no se desea que sea desechada de inmediato. La negociación efectiva es una habilidad que se perfecciona con la práctica. Este proceso debe comenzar con una mentalidad positiva y colaborativa, buscando una negociación en la que todos salgan beneficiados mediante una comunicación clara con el vendedor y su agente.

Es importante recordar que la negociación es dinámica y la flexibilidad es crucial. Es necesario ajustar las estrategias según las circunstancias específicas del trato para alcanzar los resultados deseados.

Las negociaciones son una calle de doble sentido, y encontrar un terreno común es esencial. Abordar la situación con paciencia, comprensión y disposición al compromiso aumenta la probabilidad de llegar a un acuerdo mutuamente satisfactorio.

# ¿CÓMO REDACTAR OFERTAS SÓLIDAS Y EFECTIVAS?

La oferta es una propuesta por escrito, comúnmente elaborada por tu agente de bienes raíces en caso de que estés representado por un agente inmobiliario. Esta propuesta expresa tu intención de adquirir una propiedad específica y detalla los términos y condiciones bajo los cuales estás dispuesto a comprar la casa.

# COMPONENTES ESENCIALES EN LA OFERTA

La cantidad que está dispuesto a pagar por la propiedad, a menudo basada en análisis de mercado y ventas comparables recientes.

**Detalles de financiamiento:**

Incluye información sobre tu plan de financiamiento, ya sea una hipoteca, pago en efectivo u otros acuerdos.

**Fecha de cierre:**

La fecha propuesta para completar la venta y transferir la propiedad.

**Contingencias:**

Son estipulaciones hechas por el comprador o vendedor que deben cumplirse para que la oferta siga siendo válida. Las contingencias comunes incluyen una inspección satisfactoria de la vivienda, la obtención de financiamiento y la verificación de un título limpio.

**Presentación de la oferta:**

Su agente de bienes raíces presentará la oferta al vendedor o al agente del vendedor. Es un documento formal y, una vez aceptado, se convierte en un contrato vinculante, iniciando la fase de negociación.

**Negociación:**

Es el proceso de llegar a un acuerdo sobre los términos de la venta. Involucra discusiones y posibles ajustes a la oferta inicial mientras ambas partes trabajan hacia un acuerdo mutuamente beneficioso. El vendedor puede responder a su oferta inicial con una contraoferta, proponiendo cambios en los términos como el precio de compra, la fecha de cierre u otras condiciones.

Las negociaciones pueden incluir discusiones sobre los resultados de la inspección y las posibles reparaciones. Un acuerdo sobre estos puntos puede afectar los términos finales. Así mismo, pueden implicar discusiones sobre quién cubrirá ciertos costos de cierre y cómo se distribuirán entre el comprador y el vendedor.

Tu agente de bienes raíces puede proporcionar información valiosa y orientación durante las negociaciones. Es esencial ser flexible, priorizar lo imprescindible y tener en cuenta la perspectiva del vendedor para facilitar un resultado exitoso. Una vez que ambas partes llegan a un consenso sobre los términos, la oferta se transforma en un contrato legalmente ejecutado. Este documento describe los detalles de la transacción y establece el escenario para el proceso de cierre.

## ELEMENTOS CLAVES EN EL CONTRATO

Un depósito, a menudo mantenido en custodia, que demuestra el compromiso del comprador.

**Período de contingencia:**

Un período de tiempo durante el cual el comprador puede realizar inspecciones y satisfacer otras contingencias sin perder el dinero de garantía.

**Título y depósito en garantía:**

Detalles sobre cómo se transferirá el título y el proceso de depósito en garantía, durante el cual, un tercero neutral administra los fondos y garantiza una transacción sin problemas.

**Implicaciones legales:**

El contrato es legalmente vinculante y ambas partes deben cumplir con sus obligaciones. El incumplimiento del contrato podría tener consecuencias legales, por lo que es crucial comprender y cumplir con los términos acordados.

**Proceso de cierre:**

El contrato sirve como modelo para el proceso de cierre. Durante esta fase se completan las tareas finales, incluida la transferencia de fondos, la firma de documentos y la transferencia oficial de la propiedad.

# ¿ES BUENO OFRECER MÁS DEL PRECIO DE VENTA?

La cantidad que ofrezcas dependerá de tus recursos financieros, tu motivación para comprar la casa y el mercado en el que estás comprando. En un mercado de vendedores, es probable que debas ofrecer más que el precio de venta. Si has encontrado una «vivienda para siempre», sin importar las condiciones del mercado, la cantidad que ofrezcas solo estará limitada por cuánto estés dispuesto a gastar.

La comunicación efectiva y la comprensión de las implicaciones legales son fundamentales para una compra de vivienda exitosa y sin problemas. Colaborar estrechamente con un profesional de bienes raíces con conocimientos va a ser de gran ayuda para navegar por estas etapas.

La compra de una propiedad implica la formalización de un contrato legal con el vendedor, por lo que es crucial comprender cómo se aplican las contingencias en el proceso de adquisición de una vivienda. Con una comprensión más clara de este proceso, puedes abordar las negociaciones de compra con mayor confianza y conocimiento, especialmente si eres primer comprador de vivienda.

# ¿LISTO PARA HACER TU OFERTA?

Es importante tener en cuenta que la primera impresión cuenta al presentar una oferta. Aunque una oferta sustancialmente superior al precio de venta puede destacar, no es la única manera de causar impacto.

Tu agente de bienes raíces se encargará de coordinar tu oferta con las partes pertinentes del lado del vendedor. Redactará una oferta de contrato de compra estándar para la zona, revisará y ajustará la oferta para asegurarse de que se firme después de haber comprendido completamente los términos del contrato de compra.

A pesar de que actualmente estamos en un mercado de vendedores, donde tienen la ventaja, los compradores aún tienen margen para negociar y obtener un buen trato en una casa.

Una oferta efectiva no solo refleja el interés y compromiso genuino del comprador, sino que también se destaca en un mercado inmobiliario competitivo.

# ¿QUÉ DEBES CONSIDERAR?

Para hacer una oferta efectiva en la compra de una vivienda debes considerar:

**Un Precio de compra competitivo:**

Asegúrate de que tu oferta sea competitiva, reflejando las condiciones actuales del mercado, ventas comparables recientes y el valor percibido de la propiedad.

**Carta de preaprobación:**

Incluye una carta de preaprobación de un prestamista confiable para demostrar que eres un comprador serio con la capacidad financiera para completar la transacción.

**Términos claros y concisos:**

Describe de manera clara los términos de la oferta, como el precio de compra propuesto, el depósito de garantía, la fecha de cierre y otras condiciones relevantes.

**Fecha de cierre flexible:**

Ofrece flexibilidad en la fecha de cierre si es posible, para adaptarte a las preferencias del vendedor, lo que puede hacer tu oferta más atractiva.

**Depósito de garantía:**

Proporciona un depósito de garantía significativo para mostrar tu compromiso con la compra y hacer que tu oferta sea más atractiva.

**Contingencias y Condiciones limitadas:**

Limita las contingencias a las esenciales para reducir la indecisión del vendedor y agilizar el proceso.

**Motivación del vendedor:**

Comprende las motivaciones del vendedor si es posible y adapta tu oferta para abordar sus necesidades e inquietudes.

**Presentación profesional:**

Asegúrate de que tu oferta se presente de manera profesional, esté bien organizada y sea libre de errores para reflejar tu seriedad como comprador.

**Comunicación efectiva:**

Responde con prontitud a contraofertas o solicitudes del vendedor para mantener un ambiente de negociación positivo.

**Prueba de fondos:**

Proporciona prueba de fondos para demostrar tu capacidad financiera, ya sea financiada o en efectivo.

**Representación profesional:**

Si cuentas con un agente inmobiliario, su reputación y profesionalidad pueden impactar positivamente en la percepción de tu oferta.

**Entendiendo el mercado actual:**

Considera las condiciones actuales del mercado, especialmente en un mercado de vendedores, donde una oferta sólida se vuelve aún más crucial.

# ¿HASTA CUÁNTO PUEDES NEGOCIAR?

Negociar precios de viviendas es un arte que involucra varios factores. En un mercado de compradores fuerte, aún hay límites para regatear sobre los precios de las viviendas.

## LA CAPACIDAD DE NEGOCIACIÓN DEPENDE DE DIVERSOS FACTORES:

¿Es un mercado de compradores o un mercado de vendedores?

¿Es el precio de venta razonable?

¿Cuánto tiempo lleva la casa en el mercado?

¿Qué tan ansioso está el vendedor por completar la transacción?

¿Necesita la vivienda algún tipo de reparación?

Si el vendedor no acepta tu oferta inicial, puede hacer una contraoferta. En otros casos, el vendedor podría aceptar su primera oferta, pero los problemas posteriores, o descubiertos durante una inspección o tasación de la vivienda, pueden enviarlo nuevamente a la mesa de negociaciones.

Una oferta efectiva es aquella que se alinea con las necesidades del vendedor, demuestra su interés genuino y se destaca en un contexto competitivo. Adaptar su oferta a las circunstancias específicas de la transacción va a aumentar la probabilidad de un resultado positivo. Comprender las necesidades del vendedor puede darle una idea y ayudarle a dar forma a su estrategia de negociación. Esta flexibilidad puede ayudar a llegar a un acuerdo mutuamente beneficioso. La elaboración de una oferta irresistible implica una combinación de factores que hacen que su propuesta sea atractiva y convincente para el vendedor. Sin embargo, esté preparado para alejarse si los términos no son favorables. Esto puede ser una poderosa táctica de negociación y puede llevar al vendedor a reconsiderar su posición.

En resumen, comienza con una oferta competitiva pero razonable para mostrar seriedad y conocimiento del valor de la propiedad. No te límites al precio de compra, negocia otros términos como costos de cierre y reparaciones. Sé flexible, identifica prioridades y comprométete en puntos menos críticos. En nuestro próximo capítulo, exploraremos el emocionante mundo de las inspecciones y evaluaciones durante una transacción inmobiliaria y cómo mantener un equilibrio entre las expectativas de ambas partes. ¡Hasta el próximo capítulo!

# CAPÍTULO IX: **CONDICIONES, CONTINGENCIAS, INSPECCIONES Y EVALUACIONES**

*Una detallada inspección y revisión no solo te confirma la solidez de la inversión, sino que te asegura que la compra de tu casa se construya sobre bases sólidas.*

En el contexto de una oferta de compra de una casa, los términos «contingencias» y «condiciones» se utilizan a menudo de manera intercambiable, y su interpretación puede variar según la región o las prácticas locales.

En muchos casos, no hay una distinción significativa entre los dos términos, y ambos se refieren a cláusulas específicas que deben cumplirse para que la oferta sea válida y la transacción continúe.

**Contingencias:**

Las contingencias son condiciones específicas que el comprador incluye en la oferta para protegerse durante el proceso de compra. Estas cláusulas proporcionan al comprador la opción de rescindir la oferta o renegociar los términos si ciertos eventos o condiciones no se cumplen.

Ejemplos comunes de contingencias incluyen la inspección de la vivienda, financiamiento, tasación, revisión de documentos de la asociación de propietarios (si aplica), entre otras.

**Condiciones:**

En algunos lugares, el término «condiciones» puede referirse a los aspectos generales que deben cumplirse para que la oferta sea válida. Estos aspectos generales podrían incluir elementos como la capacidad financiera del comprador, la validez del contrato, la entrega de documentos necesarios, etc.

En otros casos, algunas personas utilizan «condiciones» de manera más amplia, refiriéndose tanto a aspectos generales como a cláusulas específicas, incluyendo lo que típicamente se considera como «contingencias».

Aunque algunas personas pueden hacer una distinción entre «contingencias» y «condiciones», en la práctica, ambas se refieren a las cláusulas y condiciones específicas que deben cumplirse para que la oferta sea válida.

Independientemente del término utilizado, estas cláusulas son esenciales para proteger los intereses del comprador y proporcionar flexibilidad en caso de que surjan problemas durante el proceso de compra de la vivienda.

# CLÁUSULAS DE CONTINGENCIA MÁS COMUNES EN LOS CONTRATOS INMOBILIARIOS

Tenemos:

**Contingencia financiera**

La contingencia financiera, también conocida como contingencia hipotecaria, establece que el acuerdo depende de la capacidad del comprador para obtener una hipoteca, así como el tiempo necesario para hacerlo. Esta cláusula protege al comprador al permitir la rescisión del acuerdo si no puede asegurar la financiación necesaria en el plazo establecido.

**Contingencia de inspección**

brinda al comprador la oportunidad de realizar una inspección profesional de la casa. En caso de que el inspector identifique problemas, y el vendedor no esté dispuesto a abordarlos o renegociar el precio, el comprador tiene la opción de renegociar los términos o retirarse de la venta según estas condiciones.

Esta cláusula protege al comprador al brindarle información sobre el estado de la propiedad antes de comprometerse totalmente con la compra.

**Contingencia de tasación**

Es importante tener en cuenta que los prestamistas hipotecarios generalmente otorgan préstamos basados en el valor de tasación de la vivienda. Si la tasación resulta ser más baja que tu oferta, puede haber algunas opciones a considerar.

Puedes optar por cubrir la diferencia con tus propios fondos, negociar con el vendedor para ajustar el precio o, en última instancia, retirarte del acuerdo si no se llega a un acuerdo satisfactorio. La tasación es un factor clave en el proceso de financiamiento y puede afectar la viabilidad de la transacción.

**Contingencia de título**

Las contingencias de título le dan al comprador el derecho de investigar el título de la propiedad y retirarse de la venta si se encuentra algún problema relacionado con el título. Examinar los gravámenes contra la casa debido a impuestos no pagados o una factura de contratista impaga, o cualquier otra instancia que no permita la transferencia del título en óptimas condiciones.

Es importante saber que no todas las ofertas son iguales. Tu oferta puede ser más alta que todas, pero si tiene muchas condiciones por ejemplo que no le convenga al vendedor puede escoger otra oferta y rechazar la tuya.

Las contingencias en general deben ser específicas; los detalles de la contingencia deben describirse con precisión. No pueden ser simplemente un deseo general de alguna acción. La cláusula debe indicar qué resultado tiene que alcanzarse para que no haya ninguna duda sobre si la contingencia se ha completado. Fechas juegan un papel muy importante ya que garantizan que el proceso va a realizarse bajo un tiempo asignado sin retrasos innecesarios. El comprador y el vendedor pueden ser considerados responsables de los retrasos si hay plazos claros que no se cumplen.

En conclusión, las condiciones y contingencias en un contrato de compra de casa son pilares fundamentales que garantizan una transacción sólida y justa para todas las partes involucradas. Comprender la importancia de estas cláusulas y negociarlas con cuidado permite a compradores y vendedores construir relaciones sólidas y evitar sorpresas desagradables en el proceso.

## INSPECCIONES Y EVALUACIONES

La distinción principal entre la inspección y la evaluación (o tasación) de una casa radica en sus objetivos y enfoques. La inspección se centra en evaluar la condición física y funcional de la casa. Este proceso proporciona una revisión detallada de aspectos como la estructura, instalaciones, sistemas eléctricos y de plomería, entre otros. Su objetivo principal es identificar posibles problemas y garantizar que el comprador esté informado sobre el estado actual de la propiedad.

Por otro lado, la evaluación o tasación se enfoca en determinar el valor financiero de la casa en el mercado inmobiliario. Un tasador profesional realiza este proceso, considerando factores como ubicación, tamaño, características y comparables de ventas recientes. El resultado de la tasación influye en la cantidad que un prestamista está dispuesto a prestar para la compra de la vivienda. Ambos procesos son esenciales en transacciones de compra de vivienda.

La inspección proporciona información crucial sobre la condición de la casa, permitiendo a los compradores tomar decisiones informadas y negociar reparaciones si es necesario. Por otro lado, la tasación establece el valor financiero de la propiedad, influyendo en la aprobación del préstamo.

Es fundamental realizar una diligencia debida exhaustiva antes de comprometerse completamente con la compra de una casa. Esto implica obtener información sobre los antecedentes financieros de la casa, asegurar la seguridad estructural y comprender el entorno del vecindario. La diligencia debida protege a los compradores al proporcionar una visión integral de la propiedad y su entorno antes de firmar el contrato.

Si bien las inspecciones de viviendas se recomiendan generalmente al comprar o vender una vivienda, típicamente no son requeridas. Si como comprador renuncias a una inspección, cualquier problema que surja después de la venta será responsabilidad tuya.

## CAVEAT EMPTOR — BUYER BEWARE

En el sector inmobiliario, el principio de «**caveat emptor**» o «que el comprador tenga cuidado» es especialmente relevante para los compradores de vivienda. Este principio establece que los compradores son responsables de llevar a cabo una investigación exhaustiva de una propiedad antes de realizar una compra.

Aunque el vendedor tiene la responsabilidad de divulgar cualquier defecto conocido sobre el estado de la propiedad, la diligencia debida por parte del comprador es esencial. Este principio promueve la transparencia, la honestidad y la rendición de cuentas en las transacciones inmobiliarias. Las inspecciones generales son una herramienta fundamental que permite a los compradores obtener una comprensión más profunda de la condición de la propiedad que están considerando comprar.

A través de inspecciones profesionales, los compradores pueden identificar posibles problemas estructurales, eléctricos, de plomería y otros, tomando decisiones informadas sobre la viabilidad de la compra.

Es importante tener en cuenta que, aunque todos los estados no adoptan completamente el principio de «*caveat emptor*», algunos muestran una inclinación en esa dirección. Los compradores deben estar conscientes de sus responsabilidades en la diligencia debida y considerar la realización de inspecciones para garantizar una transacción exitosa y sin sorpresas desagradables.

En esta línea, algunos estados que tienden hacia el «Caveat Emptor» incluyen Alabama, Arkansas, Georgia, Dakota del Norte, Virginia y Wyoming. Estos estados enfatizan la responsabilidad del comprador de realizar una investigación exhaustiva antes de la compra, destacando la importancia de las inspecciones y la diligencia debida en estas transacciones inmobiliarias.

Cada estado tiene leyes diferentes, así que investiga y habla con tu agente de bienes raíces o abogado sobre el riesgo que podrías correr antes de comprar una propiedad. Una inspección de la vivienda es un paso crítico al comprar una casa, es un examen visual no invasivo de la estructura física y los sistemas de una casa.

Si una inspección revela problemas, puedes negociar con el vendedor para reducir el precio de la casa o realizar reparaciones necesarias antes del cierre. Incluso pueden decidir cancelar la venta si la casa tiene un problema significativo y no puedes negociar un precio de compra más bajo o llegar a un acuerdo con el vendedor. La inspección de la vivienda generalmente se lleva a cabo justo después de la aceptación de la oferta. Proporciona un informe detallado de la casa que planeas comprar, aunque no cubre todos los aspectos.

Como comprador, tienes la responsabilidad de contratar a un inspector de viviendas. Aunque el vendedor pueda ofrecer compartir el informe de inspección de la casa o afirmar que esta fue inspeccionada previamente, se recomienda solicitar tu propia inspección. Los inspectores de viviendas no están regulados por el gobierno federal, y en algunos estados no requieren licencia.

Un inspector de viviendas dedicará varias horas a un recorrido detallado de la casa, tomando notas, fotos y proporcionando comentarios sobre los sistemas y equipos principales, así como la estructura, pintura y acabados. También ofrecerá información sobre reparaciones y reemplazos recomendados, así como la estimación de la vida útil restante de diversos componentes.

Es importante destacar que una inspección no es un examen de aprobado o reprobado. No estás obligado a realizar reparaciones después de una inspección, pero podría revelar problemas que conduzcan a nuevas negociaciones con el vendedor. La inspección te brindará valiosa información sobre la casa y aumentará tu confianza en la decisión de mudarte.

Es esencial comprender que el inspector proporciona una opinión objetiva sobre el estado de la vivienda. No determinará si la casa cumple con los códigos de construcción locales ni comentará sobre aspectos estéticos, a menos que estos revelen problemas significativos.

Dependiendo de la propiedad y de tus preferencias personales, podrías considerar inspecciones especializadas para identificar riesgos de inundaciones, terremotos y otros desastres naturales, así como peligros ambientales para la salud, como moho, amianto y plomo.

Es común que algunos compradores de vivienda consideren omitir una inspección durante el proceso de compra debido al temor de retrasar la venta o preocupaciones sobre ofender al vendedor. Además, el costo de la inspección puede ser un factor influyente. Sin embargo, tanto el tiempo como el dinero invertido en una inspección de vivienda valen la pena.

Una inspección de vivienda puede identificar posibles problemas antes de completar la compra, brindándote la tranquilidad de no enfrentar problemas significativos o reparaciones importantes en el futuro cercano. También te proporciona opciones durante las negociaciones de precios y costos de compra.

Incluso si la propiedad se vende «*As Is*» (Tal Cual), se recomienda contratar a un inspector de viviendas para realizar una inspección. Esta condición no impide una inspección general, simplemente significa que el propietario no se compromete a hacer reparaciones. Puedes renegociar o retirarte del contrato si la inspección revela problemas serios o graves que implicarían costos significativos para su reparación.

Existen varios tipos de inspecciones para una casa, y cada una está enfocada en aspectos específicos de la propiedad, tales como:

- Inspección general de la casa.
- Inspección de la estructura.
- Inspección de plagas y termitas.
- Inspección eléctrica.
- Inspección de Plomería.
- Inspección de HVAC — calefacción, ventilación y aire acondicionado.
- Inspección de techos.
- Inspección de chimeneas y conductos de humo.
- Inspección de radón.
- Inspección de moho.
- Inspección de sistemas de alarma y seguridad.
- Inspección de pozo y sistema séptico.
- Inspección del área exterior y paisajismo.
- Inspección de asbestos y plomo.

# INSPECCIÓN GENERAL

La inspección general de una casa es el tipo más común de inspección. Es un proceso exhaustivo realizado por un inspector de viviendas con el objetivo de evaluar y analizar diversos aspectos de la propiedad. El propósito de esta inspección es brindar a los compradores una comprensión clara del estado general de la casa, permitiéndoles tomar decisiones informadas antes de finalizar la compra. Esta inspección es crucial para descubrir posibles problemas ocultos y garantizar la seguridad y habitabilidad de la vivienda.

Los requisitos para las inspecciones de viviendas varían considerablemente de un estado a otro, y los estándares de práctica establecen las normas mínimas y uniformes que se pueden esperar de una inspección. A menos que la casa sea prácticamente nueva, es probable que el informe del inspector destaque algunas áreas de preocupación.

Es fundamental considerar cuidadosamente si los problemas revelados en el informe son lo suficientemente graves y costosos como para justificar una renegociación.

La inspección de vivienda es una de las contingencias más comunes en las transacciones inmobiliarias.

# ¿QUÉ ÁREAS CUBRE UNA INSPECCIÓN GENERAL?

Una inspección general de una casa cubre varias áreas. Aquí hay una lista de las áreas que típicamente abarca:

**Elementos estructurales:**

Cimientos visibles, pisos, paredes, techos, escaleras, sistemas de drenaje y alineación de ventanas.

**Seguridad:**

Condición de las escaleras y pasamanos, el funcionamiento de las alarmas de incendio, monóxido de carbono y rociadores contra incendios.

**Terrenos:**

Examinar que el drenaje sea adecuado, condición de las entradas, cercas y aceras de la vivienda.

**Techo:**

Condición de las tejas incluyendo cualquier reparación/parche a techos planos y que los conductos de ventilación estén libres de obstrucciones.

**Superficies exteriores:**

Que exista un espacio libre adecuado entre el suelo y el material de revestimiento del exterior, condición de la pintura o revestimiento de pared exterior, así como luces y enchufes eléctricos que funcionen correctamente.

**Ático:**

Evaluar que existe suficiente aislamiento y ventilación adecuada; cualquier señal de goteo o daños causados por agua.

**Plomería interior:**

Que no haya ningún tubo goteando ni dañado, que la temperatura de agua caliente sea apropiada y que los inodoros, fregaderos, lavabos, tinas de baño y duchas estén operando correctamente.

**Sistema eléctrico:**

La condición del cableado visible y que este cumpla con los códigos de construcción, el funcionamiento adecuado de la caja de fusibles, los enchufes, lámparas y ventiladores.

**Electrodomésticos:**

El funcionamiento de electrodomésticos empotrados e independientes como estufa, lavaplatos, refrigerador, microondas, y todos los demás electrodomésticos que permanecen en la propiedad.

**Sistemas de calefacción y refrigeración:**

Verificar que la condición de la calefacción, aire acondicionado caldera y cualquier tipo de chimenea estén en óptimas condiciones.

**Sótano:**

Que los cimientos, paredes y pisos sean sólidos, sin señales de filtración o daños causados por agua.

**Garaje:**

La condición de los cimientos, ventanas, techo, marco y que la puerta de garaje y abridor de puerta de garaje funcionen.

**Ventilación:**

Examinar que los sistemas de ventilación estén funcionando correctamente en las áreas de la cocina, baño y lavandería.

La duración de la inspección dependerá del tamaño de la casa y del terreno circundante, ya que el inspector tiene que revisar cada área, subir al techo y probar el sistema HVAC, cada toma de corriente y la plomería.

Si aún no conoce a un inspector de vivienda, consulte con su agente de bienes raíces o familiares y amigos si conocen alguno. También puede buscar en línea, pero asegúrese de verificar las calificaciones, referencias y reseñas en línea.

La Sociedad Americana de Inspectores de Viviendas: ASHI, por sus siglas en inglés, tiene una herramienta para encontrar un inspector, al igual que la Asociación Internacional de Inspectores de Viviendas Certificados — conocido por sus siglas en inglés: InterNACHI.

Los sitios web de estas asociaciones también son una buena manera de verificar las referencias que puede ver de otros, ya que estos sitios tienen programas de certificación y un código de ética para los miembros.

**Visita:**
**https://www.homeinspector.org/Find-An-Inspector**

También puede consultar el sitio web de la Oficina de Buenas Prácticas Comerciales conocida por sus siglas en inglés: BBB, para investigar si hay alguna queja formal sobre el inspector de viviendas que está considerando.

**Visita:**
**https://www.bbb.org**

## CASAS CON CARACTERÍSTICAS ESPECIALES

Contratar a un inspector de viviendas con experiencia es crucial, especialmente al evaluar casas con características especiales.

Algunos elementos que podrían necesitar una atención adicional durante la inspección incluyen:

### Sistemas de Automatización del Hogar:

Controles de iluminación, termostatos inteligentes, sistemas de seguridad y sonido integrados.

### Paneles Solares o Sistemas de Energía Renovable:

Eficiencia, estado y conformidad con regulaciones locales.

### Piscinas y Jacuzzis:

Integridad estructural, estado del equipo, calidad del agua y cumplimiento de normas de seguridad.

### Sistemas de Riego Automático:

Fugas, funcionamiento y configuración eficiente.

### Sistemas de Climatización Específicos:

Evaluación del funcionamiento y estado.

### Chimeneas y Estufas de Leña:

Estado, limpieza de conductos y cumplimiento de códigos de seguridad.

### Sistemas de Seguridad Avanzados:

Cámaras de vigilancia, sistemas de acceso biométrico u otros.

**Estructuras Exteriores Específicas:**

Pérgolas, invernaderos o estructuras personalizadas; integridad y conformidad con códigos locales.

**Sistemas de Filtración de Agua Especializados:**

Evaluación de sistemas de ósmosis inversa y mantenimiento adecuado.

**Instalaciones para Carga de Vehículos Eléctricos:**

Conexión correcta y buen estado.

**Características Ecológicas:**

Techos verdes, sistemas de captación de agua de lluvia, eficiencia energética.

Para propiedades antiguas o históricas, es posible que se necesiten inspecciones más detalladas debido a diferencias en sistemas y materiales.

Además, contratar a especialistas puede ser esencial para problemas específicos fuera del alcance de una inspección general, como termitas, plagas, asbestos, plomo, chimeneas, sépticos, gas radón, pintura con plomo, moho tóxico o estudios geológicos.

## ¿QUÉ HACER CON LOS RESULTADOS DE UNA INSPECCIÓN DE VIVIENDA?

Después de concluida la inspección vas a recibir el reporte por escrito del inspector. A partir de ahí depende de ti y lo que tu agente inmobiliario pueda guiarte a través de su experiencia para renegociar. Lo más esencial es que conocerás a fondo acerca de la condición de la propiedad que estás adquiriendo, y te va a servir para hacer un mejor mantenimiento u optimizaciones futuras.

Estos son algunos de los siguientes pasos que puede considerar después de recibir el informe recibido:

- **Priorizar:** Concéntrate en los problemas grandes e importantes para ti.
- **Estimar:** ¿Cuánto quieres del vendedor? Verifica cuánto podría costar la reparación o reparaciones que está considerando para saber si es buena idea

negociarlo.

- **Compromiso:** ¿Es necesario que la reparación se realice antes de mudarse o puede esperar? Es una decisión que deberás tomar y aconsejado por tu agente inmobiliario para ayudarte en esta decisión.

En un mercado de vendedores, es posible que los vendedores estén dispuestos a hacer algunas reparaciones o rechazarlas por completo. En un mercado de compradores, la situación puede ser diferente.

Contar con un profesional experimentado en negociaciones, como tu agente inmobiliario, puede marcar la diferencia para obtener los mejores términos posibles en la compra o venta de tu casa.

## EVALUACIÓN

El valor de una propiedad es una información crítica para diversos protagonistas en el mercado inmobiliario, como propietarios actuales, prestamistas y compradores de viviendas.

Aquí te describo tres tipos comunes de valoraciones en bienes raíces:

### Cómo se diferencian:

### Valor asesado:

Utilizado principalmente para fines fiscales. Determinado por un tasador de impuestos municipal o del condado. Mayor valor de tasación implica impuestos sobre la propiedad más altos.

### Valor justo del mercado:

Representa el precio esperado en un mercado abierto entre un comprador y un vendedor dispuestos. Determina el valor de venta en condiciones normales de mercado.

### Valuación:

Evaluación formal del valor de una propiedad realizada por un tasador profesional. Toma en cuenta varios factores que influyen en el valor. Proporciona una estimación de lo que un comprador podría pagar y lo que un prestamista estaría dispuesto a prestar por la propiedad.

Estos enfoques diferentes ofrecen perspectivas variadas sobre el valor de una propiedad y cumplen distintos propósitos, ya sea para fines fiscales, transacciones de compraventa o evaluación financiera.

# ¿QUÉ SE TOMA EN CONSIDERACIÓN AL MOMENTO DE EVALUAR UNA PROPIEDAD?

## Tamaño de la propiedad y distribución

El precio por metro cuadrado es la métrica más común utilizada para valorar bienes raíces residenciales. Así también, el número de dormitorios, baños, planos y distribución en general de la propiedad afectan el valor.

El hecho de que una casa sea más grande no significa necesariamente que ofrezca un mejor valor. Esto se debe a que las características de la casa deben coincidir con el mercado y el objetivo del comprador.

## Actualizaciones y modernización

Una propiedad que ha experimentado remodelaciones y ha sido mejorada en términos de diseño, funcionalidad o características puede tener un impacto positivo en el valor de la propiedad. Esto se debe a que las actualizaciones pueden hacer que la casa sea más atractiva, funcional y energéticamente eficiente.

### Condición de la propiedad

Mantenimientos diferidos, como un techo o un sistema de calefacción que necesita ser reemplazado, o un plano de planta obsoleto, reducen el valor de la propiedad.

### Antigüedad de la propiedad

Las propiedades nuevas suelen tener valores más altos que las más antiguas porque se necesitan menos reparaciones rutinarias y mejoras de capital en el futuro previsible.

### Condiciones del mercado

En un mercado de vendedores donde hay más compradores, el valor de las propiedades aumentará debido a un desequilibrio entre la oferta y la demanda.

### Vecindario

El vecindario tiene una influencia significativa en el valor de una propiedad. La calidad y características del vecindario pueden afectar la percepción y el atractivo general de una propiedad, así como su valor en el mercado inmobiliario.

### Ubicación

Es un componente esencial en la valuación de una propiedad. A menudo, se dice en bienes raíces que «la ubicación es la clave», y esto se debe a la influencia significativa que tiene en el valor y la demanda de una propiedad en el mercado.

## ¿ES LO MISMO UNA VALORACIÓN QUE UNA TASACIÓN?

Aunque los términos «**valoración**» y «**tasación**» a menudo se utilizan de manera intercambiable, en el contexto de bienes raíces pueden tener significados ligeramente diferentes. Ambos se refieren al proceso de determinar el valor de una propiedad, pero los métodos y propósitos específicos pueden variar.

Aquí hay una breve explicación de cada término:

La valoración es un término general que se utiliza para describir la estimación del valor de una propiedad. Puede ser un término más amplio que abarca diversas metodologías y enfoques utilizados para evaluar el valor de una propiedad. Las valoraciones pueden realizarse por una variedad de profesionales, como agentes inmobiliarios, tasadores, o incluso a través de herramientas en línea.

Las valoraciones pueden tener diversos propósitos, como establecer un precio de lista, realizar un análisis de mercado o simplemente obtener una estimación general del valor de una propiedad.

La tasación, en cambio, a menudo se refiere a un proceso más formal y específico llevado a cabo por un tasador profesional con licencia. Este proceso implica una evaluación detallada y exhaustiva de la propiedad, teniendo en cuenta diversos factores como la ubicación, características específicas de la propiedad, comparables en el mercado, condiciones del mercado, entre otros.

Las tasaciones son comúnmente requeridas en transacciones hipotecarias, refinanciamientos y situaciones legales donde se necesita una estimación precisa del valor de la propiedad. Mientras que la valoración puede ser un término más amplio y general que describe la estimación del valor de una propiedad, la tasación se refiere específicamente a un proceso formal y detallado llevado a cabo por un tasador profesional con licencia.

Ambos términos están relacionados con la determinación del valor de una propiedad, pero la tasación suele tener un enfoque más estructurado y regulado.

Para encontrar el valor de una propiedad con el propósito de una venta, un agente inmobiliario o tasador generalmente comparará la propiedad con otras en el área para determinar su precio de mercado.

En resumen, la inspección se enfoca en la condición física y funcional de la casa, mientras que la evaluación — tasación se centra en determinar su valor financiero en el mercado inmobiliario.

Concluyendo con este capítulo, las inspecciones y evaluaciones nos brindan una comprensión detallada, sentando las bases para tomar decisiones informadas sobre la condición y valor de la propiedad.

Ahora, pasemos al mundo de los reportes de divulgación, llevando con nosotros esa claridad y anticipación para continuar con el siguiente paso.

# CAPÍTULO X:
# INFORMES DE DIVULGACIÓN

*En cada revelación contenida en estos informes, reside la convicción de que estás tomando decisiones informadas y estratégicas para la compra de tu vivienda.*

Una de las etapas más importantes en este proceso son los informes de divulgación conocidos en inglés como: Real Estate Transfer Disclosure Statement, que expresa por escrito la condición de la propiedad por parte del vendedor.

Las leyes federales de divulgación están destinadas a proteger a ambos lados de la transacción en la compra de una vivienda, y aunque las leyes estatales puedan variar de un estado a otro, tú puedes solicitar información adicional.

Los reportes de divulgación en el contexto de la compra de una casa son documentos detallados que proporcionan información clave sobre la propiedad y su historial. Estos informes son generados por el vendedor o agentes inmobiliarios y están destinados a brindar a los posibles compradores una visión completa y transparente de la condición y el historial de la casa.

Estos informes suelen abordar diversos aspectos como problemas estructurales, reparaciones previas, detalles ambientales, historial de mantenimiento y cualquier otro factor relevante para la propiedad.

## ¿POR QUÉ SON IMPORTANTES ESTOS INFORMES DE DIVULGACIÓN?

Los reportes de divulgación fomentan la transparencia en la transacción. Proporcionan a los compradores un conocimiento profundo sobre el estado real de la propiedad, permitiéndote tomar decisiones informadas.

Estos informes ayudan a reducir la posibilidad de sorpresas desagradables después de la compra, anticipando y abordando problemas conocidos.

Los reportes de divulgación ofrecen una base sólida para una renegociación si fuera necesaria, ya que, si surgen problemas durante la revisión de los informes, los compradores y vendedores pueden llegar a acuerdos basados en hechos concretos.

## ¿QUÉ REVELAN LOS VENDEDORES A LOS COMPRADORES POTENCIALES?

Aunque los requisitos de divulgación del vendedor varían según el estado, estos son algunos de los problemas comunes que abordan los formularios estándar:

- Goteras o defectos en el techo.
- Fugas de agua o inundaciones previas en el sótano.

- Grietas u otros defectos en los cimientos.
- Problemas con el sistema de fontanería, calefacción y aire acondicionado.
- Defectos en paredes, ventanas, puertas o suelos.
- Problemas sépticos o del sistema de alcantarillado.
- Infestación o daño por insectos destructores de la madera.
- Disputas limítrofes.
- Condiciones inseguras relacionadas con el radón, el amianto o el plomo.
- Cuotas o restricciones de la asociación de propietarios.

## ¿CUÁNDO EL COMPRADOR DEBE RECIBIR LOS REPORTES DE DIVULGACIÓN?

En la mayoría de los estados, los documentos de divulgación se proporcionan a los compradores una vez que el vendedor ha aceptado su oferta. No obstante, en muchos casos, los vendedores optan por proporcionar estas divulgaciones antes de recibir una oferta formal, brindando a los compradores acceso a información detallada de antemano. Esta práctica tiene la ventaja de ahorrar tiempo, evitar inconvenientes y prevenir gastos innecesarios al reducir la probabilidad de que los acuerdos se desmoronen una vez que están en contrato.

Algunos formularios de divulgación no solo abordan aspectos administrativos, sino también cuestiones legales pertinentes. Esto puede incluir problemas de la propiedad, disputas legales relacionadas con la propiedad o pagos a la asociación comunitaria.

Es crucial tener en cuenta que las regulaciones varían según el estado.

En determinados estados, se exige la divulgación de información específica sobre eventos trágicos, como suicidios, asesinatos o cualquier otra muerte en la propiedad, así como la actividad criminal cercana. Sin embargo, en otros estados, este nivel de detalle no es obligatorio. Estas consideraciones legales son fundamentales en los procesos de divulgación, y es esencial conocer y cumplir con los requisitos específicos de cada jurisdicción.

Ante cualquier incertidumbre, es crucial realizar preguntas y obtener claridad. Como comprador, comprender completamente lo que está adquiriendo es de suma importancia. Aunque las leyes de divulgación varían según cada estado, la mayoría de las declaraciones comparten similitudes. Por esta razón, es esencial examinar minuciosamente el documento de divulgación específico del estado donde se planea adquirir la propiedad.

La adquisición de una vivienda implica diversas revelaciones y documentación esencial diseñada para asegurar la transparencia y proteger los derechos tanto del comprador como del vendedor. Este proceso refleja el compromiso con la integridad en todas las etapas de la transacción inmobiliaria.

En estados donde no hay un Informe de Divulgación preestablecido, las Asociaciones de Agentes de Bienes Raíces han desarrollado formularios exclusivos para ayudar a los vendedores en este proceso crucial para la transferencia de propiedades.

Algunas divulgaciones están vinculadas a desarrollos de interés común y asociaciones de propietarios. Esto podría resultar en contingencias adicionales en el contrato de compraventa, como proporcionar al comprador documentos relacionados con el desarrollo o la asociación, abarcando aspectos como litigios y requisitos de CC&R (Convenios, Condiciones y Restricciones).

En la mayoría de los estados, los propietarios solo están obligados a realizar divulgaciones de bienes raíces sobre hechos materiales adversos de los que tengan conocimiento, y los agentes inmobiliarios deben hacer preguntas razonables sobre problemas evidentes dentro de la propiedad. Los informes de divulgación desempeñan un papel crucial al garantizar el cumplimiento normativo durante la transacción. En resumen, estos informes son fundamentales en el proceso de compra de una casa, ya que ofrecen transparencia, reducen riesgos y permiten que ambas partes tomen decisiones informadas durante la transacción inmobiliaria.

Además, para el vendedor, los informes de divulgación pueden proporcionar cierta protección legal al revelar proactivamente cualquier problema conocido, lo que ayuda a evitar disputas legales después de la venta.

Hemos analizado el papel vital desempeñado por los informes de divulgación en el proceso de compra de una propiedad. Estos documentos, fruto de análisis detallados y minuciosas revisiones, ofrecen una visión transparente y completa de la historia, condiciones y posibles desafíos asociados con la propiedad.

La extrema importancia de estos informes radica en su capacidad para empoderarte como comprador. Nos proporcionan las herramientas necesarias para anticipar, comprender y abordar cualquier desafío potencial, asegurando así que nuestras decisiones estén respaldadas por un conocimiento profundo.

Este capítulo marca el cierre de un proceso y, al mismo tiempo, el emocionante inicio de un nuevo capítulo. Aquí, exploraremos en detalle los elementos cruciales, estrategias y consideraciones esenciales que conducirán al exitoso cierre de la compra de tu casa. Prepárate para comprender los pasos finales, desde la firma de documentos hasta la entrega de las llaves, y cómo cada detalle se integra para allanar el camino hacia la posesión de tu propio hogar.

¡Bienvenidos al momento culminante de la transacción, donde cada firma lleva consigo la llave de un emocionante nuevo comienzo!

# CAPÍTULO XI: **EL CIERRE**

*Una exhaustiva inspección y revisión no solo valida la solidez de la inversión, sino que también garantiza que la compra de tu casa se edifique sobre cimientos firmes.*

Comprar una casa es un viaje emocionante para generaciones de familias, pero también es un compromiso financiero importante y, con tanto dinero en juego, es importante comprender completamente los pasos para comprar una casa.

Este viaje no tiene por qué ser misterioso o complicado. Tomarse el tiempo para investigar el proceso, de principio a fin, le ayudará a navegar mejor a través de los desafíos de encontrar su casa nueva y, finalmente, cerrar su hipoteca.

Saber qué información y documentos necesita enviar a su prestamista y cómo prepararse para el día del cierre va a evitarle posibles retrasos y hacer que la experiencia sea más agradable. En promedio, el proceso de cierre en general tarda entre 30 y 45 días cuando la compra involucra un crédito hipotecario. Desde que se completa la solicitud de préstamo hipotecario hasta que se presenta en la mesa de cierre. El día de cierre, el día en que firmas la documentación final, puede durar aproximadamente entre unas 2 a 3 horas dependiendo en la seguridad de que esta todo correcto y claro para usted.

En general, dependerá en parte, de sus habilidades de organización, experiencia del oficial de préstamos y la confiabilidad del vendedor.

Afortunadamente, muchas partes del proceso de cierre de la casa, como la creación de cuentas de depósito en garantía, la preparación de la documentación y la realización de la inspección y tasación de la vivienda, son manejadas por profesionales.

Para ti como comprador, es crucial comprender todas las responsabilidades, requisitos y transacciones que tienen lugar en el proceso de la compra de una vivienda. No firmes documentos que no entiendas o que parezca diferente de lo que esperabas, toma el tiempo para analizar y comprender los documentos de cierre.

La razón de esto es que una vez que firmas en presencia de un notario o un abogado, te comprometes con las condiciones presentadas.

Uno de los formularios finales que recibe antes de cerrar su nuevo préstamo, es la divulgación de cierre que le permite comparar los términos y costos de su préstamo con los términos enumerados en el formulario de estimación del préstamo que se le entregó al comienzo del proceso.

Tu prestamista está obligado por ley a entregarte la divulgación de cierre estandarizada al menos 3 días hábiles antes del cierre.

Esto es lo que se conoce como la regla de los 3 días de la divulgación de cierre, requisito que se incluyó mediante las pautas de divulgaciones integradas de TILA-RESPA, en vigor desde el 3 de octubre de 2015.

Esto significa que la aprobación del préstamo, la tasación de la vivienda, el seguro y el cálculo de todos los cargos de terceros se completarán antes de que se le emita la divulgación de cierre.

Por lo tanto, la línea de tiempo se verá así:

- Se calculan todos los costos.
- Se emite el formulario de divulgación de cierre.
- La regla de los 3 días entra en vigor.
- Firmas la forma.

## CONCEPTOS BÁSICOS QUE SE INCLUYEN EN LA DIVULGACIÓN DE CIERRE

Esta sección de la declaración de divulgación establece los términos de su hipoteca:

***Loan amount* — Monto del préstamo:**

Esta es la cantidad total que planea pedir prestada después de restar el pago inicial y agregar cualquier cargo o costo incluido en su préstamo.

***Interest rate* — Tipo de interés:**

La tasa de interés es la tarifa que pagas por pedir dinero prestado.

***Monthly principal and interest* — Capital e intereses mensuales:**

Aquí verá los intereses y el capital que pagará.

***Prepayment penalty* — Multa por pago anticipado:**

Solo se aplica en algunos préstamos, cobran cuando los prestatarios cancelan su hipoteca antes de tiempo.

### *Balloon payment* - Pago global:

Este es un pago único que vence al final del préstamo.

### Pagos proyectados:

Esta sección de la divulgación de cierre describe los principales componentes de su préstamo hipotecario y cómo cambian los pagos a lo largo de los años.

### Cálculo del pago:

Esta sección muestra cuáles serán todos esos pagos durante los plazos de su hipoteca.

### Pago mensual total estimado:

Esta es la cantidad que pagará cada mes, incluido el capital, los intereses, el seguro hipotecario y el monto del depósito en garantía.

### Impuestos estimados, seguros y tasaciones:

Puede optar por no depositar en custodia sus impuestos y seguros. Si es así, se exponen en esta sección del documento.

### Costos de cierre:

Aquí encontrará el monto en efectivo para el cierre, que es la cantidad total de dinero que deberá tener a mano al momento del cierre. El monto indicado será mayor que la suma de sus costos totales de cierre porque incluye el monto de su pago inicial.

### Costos del préstamo:

Esta parte de la divulgación de cierre es una descripción general completa de los cargos involucrados en la obtención de su hipoteca.

### Tarifa de originación:

Esta tarifa cubre todos los costos administrativos asociados con su solicitud de hipoteca.

**Puntos hipotecarios:**

Si has optado por comprar puntos hipotecarios, se reflejará aquí.

**Tasa de solicitud:**

La tarifa de solicitud cubre el costo de procesar su aplicación. El monto total varía según el prestamista.

**Tarifa de suscripción:**

La revisión de su aplicación en una forma más detallada y minuciosa para determinar qué tan riesgoso sería prestarle.

**Servicios que el prestatario no compró:**

Esta es una lista de los servicios requeridos que el prestamista eligió. Puede incluir una tarifa de tasación, tarifa de informe de crédito, tarifa de determinación de inundación, tarifa de monitoreo de impuestos y una tarifa de investigación de estado fiscal.

**Servicios que el prestatario compró:**

Estos son los servicios de terceros que podrías haber buscado por su cuenta.

**Otros costos:**

Hay otros costos que podrían estar incluidos en su hipoteca, como los impuestos y las tarifas gubernamentales, los pagos anticipados, el pago inicial del depósito en garantía al cierre y más.

**Impuestos y otras tasas gubernamentales:**

Aquí verás las tarifas de registro, que son costos para ingresar legalmente la nueva escritura e hipoteca en los registros públicos. Incluyen los impuestos de transferencia, que se pagan cuando una propiedad cambia de manos o cuando se realiza un préstamo hipotecario. También se incluyen los impuestos municipales, del condado y, posiblemente, estatales.

**Prepagos:**

Esta sección le dirá cuánto dinero necesita poner en custodia para ciertos costos prepagados, ya sea una prima de seguro para propietarios de vivienda, una prima de seguro hipotecario, intereses pagados por adelantado o impuestos sobre la propiedad.

## Pago inicial del depósito en garantía al cierre:

Su pago inicial de depósito en garantía incluirá el seguro de propietarios de vivienda, el seguro hipotecario y los impuestos sobre la propiedad; aquí verá el monto total que deberá pagar al cierre.

## Otros:

Es posible que haya otros gastos que deberá pagar al cierre, incluidas las tarifas de la asociación de propietarios, una tarifa de inspección de la vivienda, una tarifa de garantía de la vivienda, entre otros.

Al final de esta sección, se suman todos los demás costos.

Si encuentras discrepancias entre su divulgación de cierre y la estimación del préstamo que pueden ser tan pequeños como nombres mal escritos o tan graves como un cambio en la tasa de interés, tiene que alertar a su prestamista sobre estos errores y puede retrasar el cierre, pero es vital aclarar cualquier discrepancia antes de firmar.

***Si es necesario realizar cambios, tiene 3 días hábiles adicionales antes del cierre para revisar la divulgación de cierre revisada.***

La divulgación de cierre debe ser claramente distinguida de los documentos en los cuales, como comprador, asumes el compromiso de reembolsar la deuda. Estos documentos son fundamentales para comprender e interpretar, ya que representan el compromiso concreto de saldar la deuda.

Es esencial destacar que la Divulgación de Cierre debe ser claramente distinguida de los documentos en los cuales, como comprador, asumes el compromiso de reembolsar la deuda. Estos documentos son fundamentales para comprender e interpretar, ya que representan el compromiso concreto de saldar la deuda.

Para una gestión más eficiente, comunícate con tu banco para conocer el tiempo necesario y procesar el pago. Solicita la transferencia de dinero teniendo en cuenta ese plazo, lo que te dará el tiempo adecuado para realizar la transacción.

Antes de firmar los documentos finales haz un recorrido final por la propiedad para confirmar que se han realizado todas las reparaciones o cambios negociados.

El documento principal que firmarás para formalizar tu compromiso en la compra es el pagaré o nota, que representa la promesa formal de reembolsar la deuda.

## EL PAGARÉ O NOTE:

Este documento es una obligación escrita hecha por una de las partes conocida como originador, comprometiéndose a pagar una cantidad específica de dinero al beneficiario, que en este caso podría ser la institución bancaria o un inversionista privado. Esto se hace bajo condiciones de demanda de repago y en un plazo determinado.

El pagaré o note está respaldado por la escritura de fideicomiso y sirve como evidencia de la deuda. Es firmado por el prestatario a favor del prestamista e incluye los términos del préstamo, como la tasa de interés y las obligaciones de pago.

Cuando el préstamo se liquida por completo, el pagaré se etiqueta como «pagado por completo» y se devuelve al prestatario, acompañado de una escritura grabada de satisfacción de deuda o *Full Reconveyance.* Durante la vigencia del préstamo, el prestamista retiene el pagaré original.

Otro documento es la Hipoteca o *Mortgage*, que es un acuerdo legal que transfiere el derecho condicional de propiedad de un activo.

## LA HIPOTECA O *MORTGAGE:*

Es la forma que establece la obligación de reembolsar la deuda. En los Estados Unidos, las hipotecas están reguladas por las leyes estatales. Por lo tanto, para considerarse una hipoteca válida, debe cumplir con los requisitos de la ley del estado en el que la propiedad se ofrece como garantía. Es importante saber que también existen regulaciones federales que rigen las hipotecas.

Hay varios tipos de hipotecas que varían según las tasas de interés, términos, importe de pago, frecuencia de pago, entre otros. Todos estos términos están sujetos a la regulación local y requisitos legales. Las hipotecas son ofrecidas por diversas entidades como bancos, inversionistas, aseguradores, asesores financieros y agentes de bienes raíces.

El interés asociado a la hipoteca se registra en el documento de título por el prestamista, convirtiéndolo en información pública, y se cancela cuando el préstamo es pagado en su totalidad. Este proceso asegura la transparencia y legalidad de la transacción hipotecaria.

## EN UNA HIPOTECA INTERVIENEN:

### El hipotecante o *mortgagee*:

Es la persona o institución que otorga la hipoteca, proporcionando al prestatario una suma de dinero con la condición de que se reembolse en un período de tiempo definido, y hasta que la hipoteca sea saldada en su totalidad.

### El hipotecado o *mortgagor:*

Es la persona que recibe el dinero en calidad de préstamo, asegurado por un interés en un inmueble como garantía. Esta persona tiene un gravamen sobre la propiedad, y dicha propiedad puede ser reclamada en caso de incumplimiento de los términos del préstamo.

### La escritura de fideicomiso o *Deed of trust:*

Es otro instrumento utilizado cuando la vivienda se utiliza como garantía colateral, generalmente asociado al compromiso de pago a través del pagaré o note en un préstamo hipotecario o una línea de crédito sobre la vivienda.

En caso de incumplimiento financiero respaldado por la propiedad, existe el riesgo de embargo y venta en subasta pública, siendo los términos específicos dependientes del estado y del tipo de ejecución hipotecaria, ya sea judicial o no judicial.

## EN LA ESCRITURA DE FIDEICOMISO O DEED OF TRUST INTERVIENEN TRES PARTICIPANTES:

Este documento designa al Prestatario como fiduciante o *trustor,* al prestamista como beneficiario o *beneficiary,* y a un tercero como fiduciario o trustee, autorizado por el prestatario y el prestamista para llevar a cabo actividades específicas definidas.

Se registra formalmente en la oficina de registros públicos, donde está ubicada la propiedad, constituyéndose como la garantía de pago del préstamo hipotecario.

La escritura de fideicomiso o *Deed of trust* incluye la siguiente información:

- Importe del préstamo original.
- Descripción legal de la propiedad utilizada como garantía de la hipoteca.
- Fecha de creación y vencimiento del préstamo, junto con disposiciones sobre tasas finales de la hipoteca, requisitos y procedimientos legales de cada cláusula.

Es importante tener en cuenta que al firmar la escritura de fideicomiso o *Deed of trust*, estás otorgando al banco la autorización anticipada para tomar posesión de la propiedad y ponerla en venta pública en caso de incumplimiento con los términos acordados.

Las leyes estatales exigen que los bancos cumplan con los plazos establecidos a favor de los propietarios antes de llevar a cabo una ejecución hipotecaria.

## PROCESO DE CIERRE:

Es el paso final en la transacción de la compra de una casa; el momento en que la propiedad se vende formalmente y se transfiere del vendedor al comprador mediante una Escritura, un documento legal que consolida la transferencia de propiedad y garantiza que el vendedor defenderá el título contra reclamos de terceros.

Además, es crucial realizar los arreglos necesarios para mudarse de su vivienda actual a su nueva residencia. Esto implica contratar servicios esenciales como conexiones de gas, electricidad o agua. No es necesario esperar hasta la fecha exacta del cierre; puede ponerse en contacto con los proveedores unos días antes para garantizar una transición suave.

Asegúrate de presentar un cambio de dirección a:

- Tu banco.
- Compañías de tarjetas de crédito.

- Compañías de cuentas de inversión o jubilación.
- Administradores de préstamos para estudiantes.
- Administradores de préstamos para vehículos.
- Departamento de vehículos automotores para el registro del automóvil.
- Compañía de seguro médico.
- Compañía de seguro de automóvil.
- Compañía de servicio de teléfonos celulares.
- Proveedores de periódicos y revistas.
- Cualquier otro servicio que pueda necesitar enviarle sus facturas o estados de cuenta.

El día del cierre, el comprador asume la obligación del préstamo, paga todos los costos de cierre, recibe el título oficial y las llaves por parte del vendedor.

El día de cierre es una experiencia emocionante y marca la apertura de un nuevo capítulo en la vida de ambas partes.

## CONCLUSIÓN:

Al llegar al epílogo de esta obra dedicada a la travesía de adquirir tu vivienda propia, quiero extenderte mi más sincero agradecimiento por tu compromiso con este proceso educativo y transformador.

Que cada capítulo haya sido una herramienta, cada palabra una guía, y cada concepto un cimiento para construir tu propio rincón de felicidad y seguridad.

Que cada rincón de tu vivienda cuente la historia de tus éxitos y de los capítulos emocionantes que estás a punto de escribir.

En el viaje que emprendes a partir de ahora, lleva contigo la confianza y la sabiduría que has ganado. Que tu hogar no solo sea un lugar físico, sino el lienzo en blanco donde pintarás las experiencias más memorables de tu vida.

Concluyo este libro con mis mejores deseos para ti y tu nueva vivienda. ¡Adelante, a construir un futuro lleno de logros y felicidad en tu casa propia!

# CAPÍTULO XII:
# VOCABULARIO

*Entender el lenguaje contractual es la clave para una transacción exitosa y sin complicaciones en la compra de tu vivienda.*

**Acceleration clause — Cláusula de aceleración**
Es una cláusula estipulada en su préstamo hipotecario que acelera la cancelación de su deuda debido al incumplimiento de su contrato.

**Active - Activo:**
Cualquier elemento que tenga valor patrimonial, como una casa o acciones, y que se pueda convertir en dinero en efectivo.

**Adjustable rate mortgage — Hipoteca de tasa ajustable (ARM)**
Préstamo Hipotecario en el cual la tasa de interés se ajusta periódicamente. Las cantidades y períodos de ajustes se estipulan al comienzo del préstamo.

**Adjustment period — Período de ajuste**
Período de tiempo transcurrido entre los cambios de tasa de una ARM. Por ejemplo, un préstamo con un período de ajuste de un año se denomina: préstamo de tasa ajustable a un año, lo cual significa que la tasa de intereses puede cambiar una vez por año.

**Adjustable rate note — Nota de tarifa ajustable**
Es la note o pagaré indicando que el préstamo hipotecario incluye una tasa de interés ajustable.

**Adjustable rate rider — Cláusula adicional de tarifa ajustable**

Este es el instrumento más importante de los documentos que usted recibe, porque detalla la forma en que los cambios en su tasa de interés van a producirse. Como propietario de una casa debe hacer referencia a este documento a menudo para no quedar atrapado en un préstamo ajustable sin conocer a fondo su contenido.

En este documento se incluye:

Adjustment cap — Tope de ajuste:

Es el tope o ajuste máximo al cual usted estará sujeto. Este ajuste indica cuando el primer cambio va a producirse, y la cantidad máxima que incrementara su interés. Así mismo, la frecuencia de estos ajustes.

Loan index and margin — Índice y margen de préstamos:

El índice por lo general es una medida de las tasas de interés, y el margen es el monto adicional que el prestamista le agrega, estos conforman al índice en un ARM.

Sus pagos estarán afectados por los límites, o topes, lo máximo que puede subir o bajar la tasa de interés. Si la tasa índice aumenta, en la mayoría de los casos también lo hace su tasa de interés y tendrá pagos mensuales más altos. Por otro lado, si la tasa de interés baja, podría bajar el pago mensual. Sin embargo, no todos los préstamos ARM tienen un ajuste hacia abajo; lea detalladamente la información del préstamo que esté considerando.

Por Ejemplo:

| | |
|---|---|
| Índice | 4% |
| Margen | + 3% |
| Tasa totalmente indexada | 7% |

Los prestamistas basan las tasas de interés en varios índices. Entre los más comunes están, Las tasas basadas en valores del tesoro de vencimiento constante o CMT a un año, el índice de costo de fondos o *COFI* y la tasa *London Interbank Offered Rate* o *LIBOR*.

Algunas compañías de préstamo usan como índice su propio costo de fondos, en lugar de otros. Asegúrese de saber qué índice será utilizado en su préstamo ARM. Ambos índices estarán divulgados en esta cláusula adicional sobre la tasa de interés ajustable en su *Adjustable Rate Rider.*

**Affidavit — Declaración Jurada**
Es una declaración jurada por escrito hecha por una persona.

**Affordable — Asequible**
Asequible, a su alcance, económico.

**Agreement — Acuerdo**
Acuerdo que se realiza ya sea verbal o escrito.

**Alimony — Pensión alimenticia**
Es una pensión alimenticia.

**As is condition — Condición tal cual**
Propiedad que es vendida en la condición física actual y ninguna reparación va a ser efectuada. Sin embargo, no excluye la responsabilidad del vendedor de divulgar todos los defectos que son de su conocimiento.

**Amortization — Amortización**
Los pagos mensuales que se realizan equitativos de principal e interés.

**Amortization schedule — Cronograma de amortización**
Es una lista de pagos hipotecarios que muestra la cantidad aplicada al principal, la cantidad aplicada al interés y lo que resta del saldo principal.

**Annual percentage rate — Tasa porcentual anual (APR)**
Cargos incurridos por los costos de una financiación de préstamo expresados en una tasa porcentual. Como, por ejemplo, la cantidad de dinero de los honorarios, intereses o puntos expresados en forma de porcentaje según la cantidad a financiar. La APR se divulga según lo dispuesto por le Ley Federal de Divulgación de los términos totales de crédito (Truth in Lending)

**Appraiser — Tasador**
Profesional con licencia del estado para evaluar y tasar una propiedad, o algún otro bien.

**Appraisal — Evaluación**
El informe que realiza el tasador, en el que declara su opinión de la propiedad reflejada en un precio real y justo.

**Arbitration — Arbitración**
Es el proceso de resolución de disputas en el cual las partes aceptan quedar obligadas por la decisión de un tercero neutral, que es el árbitro, fuera de los tribunales.

**Assumable mortgage — Hipoteca asumible**
Es el acuerdo por parte de un comprador de asumir la responsabilidad de una nota existente y asegurada por una hipoteca. La entidad financiera en la nota tiene que aprobar al comprador para que este pueda asumir la hipoteca.

**Automated underwriting — Análisis automatizado**
Es una evaluación automatizada de la solicitud de un préstamo hipotecario.

**Back end ratio — Relación ingreso deuda**
Es la relación que existe entre el total de sus obligaciones incluyendo el pago de su hipoteca y sus ingresos. Esta relación típicamente se presenta en un número porcentual.

**Balance — Saldo**
La cantidad pendiente de su préstamo hipotecario que queda por cancelar.

**Balloon loan — Préstamo globo**
Es un préstamo hipotecario con pagos mensuales que se hacen por un periodo de tiempo; y al término de un tiempo específico se realiza un pago global, cancelando el balance.

**Balloon payment — Pago globo**
Es típicamente el pago final en un préstamo global en inglés Balloon Payment, que viene a ser la última cuota del préstamo.

**Binder — Oferta de compra**
Se le conoce como una oferta o depósito, juntamente con un acuerdo por escrito para entrar en contrato de compra o venta de una propiedad.

**Borrower — Prestatario**
Es la persona u organización que obtiene fondos en calidad de préstamo. Tanto el prestador como el prestatario firman un documento por escrito como evidencia del endeudamiento.

**Buydown — Compra de interés**
Es el pago efectuado por parte del comprador o terceras partes que permite la reducción de la tasa de interés durante los primeros años.

**Cap — Límite**

Es el límite máximo que puede subir la tasa de interés en una hipoteca ajustable (ARM) durante un periodo específico y por el tiempo que dure el préstamo.

**Capital gains — Ganancia de capital**

Es la ganancia o plusvalía que se obtiene como resultado del incremento en el valor de un activo.

**Cash out refinance – Refinanciamiento con retiro de dinero**

Es el proceso de refinanciamiento en el cual se retira dinero de la plusvalía que ha venido acumulando en la propiedad.

**CC&R'S — Covenants, conditions and restrictions — Convenios, condiciones y restricciones**

Son las cláusulas contractuales, condiciones y restricciones especificadas en un documento que controla el uso, limitaciones y las reglas impuestas sobre una propiedad.

**Certificate of reasonable value — Certificado de valor razonable (CVR)**

Es un documento que establece el valor máximo y la cantidad del préstamo garantizada por la Administración de Veteranos.

**Contingency — Contingencia**

Es una condición impuesta dentro de los términos del contrato que debe ser resuelta para que el acuerdo sea formalizado en su totalidad. Por ejemplo, la aprobación del préstamo hipotecario.

**Co-signer — Co-prestatario**

Es la persona, diferente del prestatario principal, que también firma la solicitud de un préstamo y asume la responsabilidad del reembolso del préstamo.

**Closing Costs — Costos de cierre**

Son los gastos asociados con la compra y transferencia de una propiedad, al momento del cierre.

**Closing statement HUD-1— Declaración de cierre HUD-1**

Es la declaración de cierre. Un estado financiero completo que da detalladamente cuenta de todos los fondos recibidos y pagos efectuados al momento del cierre.

**Condominium — Condominio**
Es una unidad en un complejo que tiene intereses proporcionales en común.

**Comparative market analysis — Análisis comparativo del mercado (CMA)**
Es un reporte comparativo del mercado en un área específica. Este reporte muestra la actividad reflejada en las propiedades que están a la venta, pendientes en proceso de transferencia (plica/ escrow), y las propiedades que han sido vendidas recientemente. Indicando las fechas y los valores en que estas fueron transferidas.

**Conventional loan — Préstamo convencional**
Es un préstamo hipotecario garantizado por una mortgage o deed of trust y no está garantizado por ninguna agencia del gobierno. Ejemplo: Préstamos FHA

**Deed — Escritura**
Es el documento conocido como escritura.

**Due on sale — Pago de la deuda**
Es la cláusula que exige el pago total del balance adeudado al momento en que la propiedad es vendida.

**Default — Incumplir pagos**
Es el incumplimiento en los pagos y términos del contrato hipotecario.

**Deed of trust — Escritura de fideicomiso**
Documento que es acompañado con el pagaré o Note del préstamo hipotecario, y se emplea como garantía colateral.

**Disclosures — Reportes de divulgación**
Son reportes de divulgación y revelación. Esta puede ser sobre la condición de la propiedad o referente a la financiación de su préstamo hipotecario.

**Depreciation — Depreciación**
Es la disminución en el valor de una propiedad, típicamente en comparación al valor en que fue adquirido inicialmente.

**Deferred payment — Pago diferido**
Es un pago que se posterga para ser pagado después de un tiempo indicado por su institución financiera.

**Discount points — Puntos de descuento**
Son los cargos pagados al prestamista para considerar un interés reducido comparados con las tasas de interés que se ofrecen en el mercado actual.

**Dodd Frank**
Es un término que pertenece a la Ley de Protección al Consumidor. El término completo es Reforma Dodd-Frank Wall Street. Esta se publicó como un derecho en Julio del 2010. La función principal de esta Ley es la de mejorar la integridad, eficiencia y la competitividad del mercado financiero de Estados Unidos.

**Down payment**
Es el pago o la cuota inicial para un préstamo hipotecario dependiendo del tipo de préstamo.

**Escrow — Plica**
Es el procedimiento por el cual una tercera persona neutral actúa como mediador entre el comprador y vendedor durante una transferencia, poniendo en práctica las instrucciones de ambas partes y asumiendo la responsabilidad de gestionar todos los documentos y distribución de fondos.

**Earnest money — Depósito de garantía**
Es un depósito de buena fe que generalmente se ofrece al momento de presentar una oferta para la compra de una propiedad.

**Fair market value — Valor justo de mercado**
Es el valor asignado a una propiedad en el mercado actual.

**Finance charge — Cargo financiero**
Es un cargo financiero que representa el costo del crédito. Este cargo puede ser una tarifa específica o puede estar expresado en una cantidad porcentual sobre la cantidad financiada.

**Flood insurance — Seguro de inundación**
Es una póliza de seguro que le protege de daños financieros que pudiera causar una inundación. La póliza es solicitada a su discreción. Sin embargo, en ciertos casos, su entidad financiera puede requerir la Póliza de Seguro Contra Inundaciones como requisito para la otorgación del préstamo hipotecario.

**Foreclosure — Ejecución hipotecaria**
Es el proceso legal para intentar recuperar el monto de una deuda pendiente con garantía. El acreedor confisca la garantía en este caso que es la propiedad y la vende para saldar la deuda.

**Front end ratio**
Es la relación expresada en una cantidad porcentual entre los ingresos del solicitante de préstamo y el pago de la hipoteca.

$$\text{Front end ratio \%} = \frac{\text{Pago de hipoteca}}{\text{Ingreso bruto}}$$

**Grant deed — Escritura de transferencia**
Es un documento que transfiere título o un interés de propiedad. Este documento debe incluir la descripción legal, número de parcela, etc. y debe estar firmada ante la presencia de un notario público por todas las personas que tienen título legal en la propiedad.

**Good faith estimate — Estimado de buena fe**
Es una estimación que muestra los costos que en buena fe el comprador incurrirá para la compra de una propiedad. El estimado de Buena Fe es una forma estándar que tiene que ser completada por el prestamista con los costos correspondientes, y es requerido bajo las normas de La Ley Federal de Procedimientos de Bienes Raíces o *Real Estate Settlemente Procedures Act (RESPA).*

**Guidelines — Directrices**
Es una guía que contiene los requerimientos y pautas a seguir para la otorgación de un préstamo hipotecario.

**Grace Period — Período de Gracia**
Es un tiempo adicional permitido por la institución bancaria para efectuar el pago de satisfacción por un acuerdo de obligación crediticia. El período adicional de tiempo provee autorización de efectuar el pago sin ningún tipo de penalización financiera o crediticia.

**Gross Income — Ingreso Bruto**
Es el ingreso bruto sin ningún tipo de descuentos aplicados.

**Grantor — Otorgante**
Es la persona o entidad que otorga y transfiere el derecho del título (vendedor) al comprador.

**Grantee — Beneficiario**
Es la persona o entidad que recibe el título de propiedad (comprador) del vendedor o grantor.

**Graduate payment mortgage — Hipoteca de pago gradual**
Es una hipoteca de pagos graduales que empiezan con pagos mensuales bajos, y aumenta una cantidad o tasa de interés predeterminada.

**Hazard insurance — Seguro contra riesgos**
Es la póliza de seguros contra riesgos para una propiedad.

**Homestead exemption — Exención de vivienda familiar**
Es un derecho legal diseñado para proteger el valor de las propiedades de los acreedores y circunstancias derivadas fuera del control del propietario de la casa.

En algunos estados, la protección de Homestead es automática. Sin embargo, el propietario debe presentar una solicitud de Homestead Exemption con el estado donde la propiedad está localizada, y no recibirá la protección de la ley hasta que este documento quede registrado en los registros públicos.

**Home inspection report — Reporte de inspección de una vivienda**
Es un reporte efectuado por una compañía profesional con licencia para efectuar la investigación sobre la condición detallada de una propiedad. Este reporte no es obligatorio, sin embargo, es recomendable porque permite conocer el estado actual de la propiedad.

**Homeowners association — Asociación de propietarios**
Es una asociación de membresía como propietario de una unidad en un complejo de condominios. La asociación de propietarios se encarga del cumplimiento de las normas que incluyen las reglas a las cuales se tienen que regir los propietarios.

**Interest rate — Interés**
La Tasa de interés actual que se ofrece en el mercado.

**Impound account — Cuenta custodio**
Es conocida como la cuenta en custodio. Esta cuenta es mantenida por la entidad financiera para el pago de los impuestos de propiedad, seguro u otras deudas periódicas sobre la propiedad.

**Installment — Pagos a plazo**
Son las cuotas pagaderas por concepto de una obligación crediticia. En este tipo de cuotas los pagos y el tiempo de pago son predeterminados.

**Judgment lien — Gravamen judicial**
Es un instrumento legal utilizado para garantizar que los consumidores paguen una deuda. Cuando un consumidor no paga una deuda a un acreedor, este puede tomar acción legal y llevarlo a los tribunales para recuperar el importe de la deuda. Si esto ocurre, entonces se coloca un gravamen de juicio contra la propiedad.

**Junior mortgage — Hipoteca junior**
Una hipoteca que se solicita en adición a la hipoteca principal se convierte en hipoteca junior. Un propietario puede utilizar más de una hipoteca junior para una variedad de propósitos.

**Landlord — Propietario**
Es el propietario de una casa, apartamento o condominio que alquila o arrienda el inmueble a una persona o empresa.

**Lien — Derecho de retención**
Es un gravamen impuesto sobre un inmueble.

**Loan commitment — Compromiso de préstamo**
Es una promesa por escrito para otorgar un préstamo hipotecario por una cantidad y condiciones específicas.

**Loan to value ratio — Relación préstamo valor**
Es la relación del préstamo sobre el valor de la propiedad tasada expresada en una cantidad porcentual.

$$\text{Loan to value ratio \%} = \frac{\text{Valor financiado}}{\text{Valor tasado de la propiedad}}$$

**Lock in — Tasa congelada**
Es una tasa de interés congelada. Es la garantía de la institución financiera de fijar una tasa de interés por un periodo de tiempo. Si la tasa de interés actual sube o baja esta no influenciará en el interés que tiene garantizado.

**Loan origination fee — Tarifa de originación de préstamo**
Es el cargo o tarifa inicial que cobra una institución financiera para establecer y otorgar un préstamo.

**Loan servicing — Servicio de préstamo**
Es la compañía que administra su préstamo hipotecario, en representación

del inversionista que puede ser también una institución financiera.

**Loan term — Plazo del préstamo**
Es el plazo y duración de la vida del préstamo, así como los términos y condiciones que aplican a un préstamo hipotecario.

**Loan ceiling — Límite máximo**
Es la cantidad máxima a la que un préstamo se puede ajustar. El promedio del límite máximo de interés varía dependiendo del nivel crediticio de su préstamo. Hipotecas de alto riesgo típicamente tienden a ofrecer los límites más altos. Preste mucha atención al índice del préstamo que tiene, porque le indica cómo su pago podría subir o bajar dependiendo de las condiciones del mercado.

**Mortgage underwriting — Aprobación para el préstamo**
Es el proceso que consiste en la evaluación de la solicitud de un préstamo al propietario por el funcionario correspondiente o *underwriter.*

**Net worth — Patrimonio neto**
Es el valor de los activos de una persona, incluyendo dinero en efectivo, menos los pasivos. La diferencia entre los activos y los pasivos es considerada como el valor neto de una persona.

**Non-profit organization — Organización no lucrativa**
Es una organización sin fines de lucro.

**Mortgage — Hipoteca**
Es un instrumento legal que es utilizado como garantía de una deuda hipotecaria.

**Mortgagee — Acreedor hipotecario**
Es la institución financiera que otorga la hipoteca.

**Mortgagor — Deudor hipotecario**
Es la persona que toma el dinero en calidad de préstamo para la compra de una propiedad.

**Mortgage loan originator — Originador de préstamos hipotecarios (MLO)**
Es la persona o empresa que origina la aplicación y ayuda en el procesamiento del préstamo hipotecario. Los originadores de préstamos

deben tener un numero de licencia y estar registrados bajo el Sistema de Registro a Nivel Nacional de Profesionales de Originacion de Hipotecas, en inglés Nationwide Mortgage Licensing System & Registry (NMLS).

Si desea verificar la licencia de su prestamista

**Visita:**
**http://www.nmlsconsumeraccess.org/**

**Negative amortization — Amortización negativa**
Ocurre cuando los pagos mensuales no cubren el costo del interés. El interés no cubierto se agrega al saldo del balance hipotecario pendiente, dando como resultado un incremento en el balance original periódicamente.

**Net worth — Patrimonio neto**
Es el valor de los activos totales de una persona o empresa menos todas las deudas y pasivos. Puede ser negativo si una persona adeuda más de lo que posee en dinero en efectivo y otros activos.

**Note rate — Tasa de nota**
Es el interés especificado en el pagaré o note.

**Partial payment — Pago parcial**
Pagos que no cubren el pago total de la mensualidad. Pagos que se efectúan a cuenta del pago establecido para minimizar los cargos por penalidades, o intereses adicionales, o la deuda total.

**Penalty — Penalidad**
Son cargos adicionales, por el incumplimiento de los pagos que no fueron efectuados en el tiempo acordado.

**PITI**
Es el acrónimo por: Principal, interés, impuestos de propiedad y seguro de propietario. Estos son los componentes frecuentes del pago hipotecario.

**Preliminary title report — Informe preliminar de títulos**
Es un informe suministrado por la compañía de títulos al agente de custodio una vez abierta la transacción de transferencia, proporcionando datos preliminares sobre registros de gravámenes y posesión.

**Proration — Prorrateo**
Es la división proporcional que la compañía de custodio efectúa entre las

partes de la transferencia con relación a los pagos de impuestos, seguros, alquileres, etc.

**Private mortgage insurance — Seguro hipotecario privado**
Es un seguro privado de hipoteca emitido por una compañía privada cuya función es proteger a la entidad financiera contra pérdidas si el prestatario incumple con los términos del contrato hipotecario.

**Prepayment penalty — Multa por pago anticipado**
Es una penalidad o multa que se debe pagar al prestamista si el prestatario paga el préstamo antes de la fecha de vencimiento acordada.

**Prime rate — Tasa de interés preferencial**
Son las tasas de interés que los bancos cobran a clientes preferenciales o a aquellos con calificaciones crediticias altas.

**Profit and loss statement — Estado de pérdidas y ganancias**
Son estados financieros que se utilizan para reportar la situación económica y financiera de una persona que trabaja por su cuenta o negocio durante un período de tiempo determinado.

**Rescission period — Período de rescisión**
El período de rescisión, período de enfriamiento o cooling period. Es una característica típica de la refinanciación de hipotecas que se aplica en su residencial principal. Este período de gracia obligatorio de tres días, le permite cancelar cualquier acuerdo hipotecario con toda libertad y sin ataduras.

**Reserves — Reservas**
Es el dinero adicional o reservas de las que puede disponer el propietario en una cuenta bancaria para gastos de emergencia.

**Regulation «Z» — Regulación «Z»**
Son regulaciones del reglamento «Z» que forman parte de la Ley Federal de la Declaración de Veracidad de Préstamos (TILA). La mayoría de las exigencias específicas se encuentran en este reglamento.

Real estate settlement procedures act — Ley de procedimientos de liquidación de bienes raíces (RESPA)

Requiere al prestamista otorgar de antemano información al prestatario, incluyendo el estimado de buena fe de los costos de cierre.

**Relocation — Reubicación**
Reubicación o cambio de domicilio.

**Reinstament — Reinstalación**
Es el restablecimiento de los atrasos que el propietario incurrió en su obligación crediticia. La deuda queda al corriente.

**Right of redemption — Derecho de redención**
Es un derecho legal que se otorga al propietario de la casa y que bajo ciertas condiciones le permiten recuperar la propiedad embargada haciendo pago íntegro de la deuda de hipotecaria o pagando el precio de venta aplicable.

Las leyes del derecho a la recuperación o Right of redemption son diferentes en cada estado. Consulte con un abogado para obtener asesoría y conocer sus derechos legales bajo estas circunstancias.

**Security instrument — Instrumento de seguridad**
Es un instrumento legal cuyo propósito es la de dar a un acreedor derechos de propiedad para la protección de una deuda hipotecaria.

**Shortage — Escasez**
Es el sobrante en los fondos necesarios para cubrir un balance en la fecha de vencimiento.

**Statement of information — Declaración de información (SI)**
Es una declaración de información confidencial llenados por el comprador y vendedor, independientemente, para proporcionarla a la compañía de título y detectar si existe algún derecho de retención registrado a nombre del vendedor o comprador que pueda interferir con la transferencia de la propiedad.

**Surplus — Excedente**
Es la falta de fondos necesarios para cubrir un balance en la fecha de vencimiento.

**Terms — Términos**
Son las condiciones y requisitos incluidos en un contrato de préstamo que, en general, especifica en el monto del préstamo: el plazo, la tasa de interés y otras condiciones aplicables acordadas entre el prestatario y el prestador.

**Truth in lending statement — Declaración de veracidad en el préstamo**
Es la declaración de transparencia que divulga los costos del préstamo y muestra el APR y otros términos; incluyendo el cargo financiero, la cantidad del pago y el total de pagos requeridos. Es un requisito que el prestamista le entrega al prestatario en la versión de la declaración dentro de 3 días de efectuada la aplicación de solicitud de préstamo.

**Unearned premium — Prima no cobrada**
Es la fracción de la prima de seguro que fue pagada pero que no fueron utilizadas durante el intervalo de tiempo de la póliza. Para calcular las primas no consumidas, usted necesita saber la prima total, el período de cobertura, inicio y final del período de cobertura.

**Unsecured loan — Préstamo sin garantía**
Son los préstamos que no están conectados con una garantía colateral. En otras palabras, el banco no tiene ningún activo para ir detrás de usted como lo que es con una propiedad. Sin embargo, recuerde que los acreedores pueden tomar acción legal en su contra. Consulte con un abogado sobre las leyes de protección que rigen en su estado.

**Upfront cost — Costo inicial**
Son costos que se requieren pagar por adelantado. Consulte y asegúrese de que estos costos estén permitidos dentro de los términos del préstamo.

**Tax assessment — Evaluación de impuestos**
Son los impuestos basados en el avalúo o tasación fiscal. Tenga presente que la tasación fiscal es diferente de la tasación de una propiedad para los propósitos de una financiación de préstamo de hipoteca.

**Title insurance — Seguro de título**
Es una póliza de seguro de título para la propiedad que se está adquiriendo. Las pólizas tienen el propósito de cubrir defectos en el título de propiedad que no haya sido detectado después de la investigación correspondiente.

**Tradelines — Líneas comerciales**
Se refiere a las cuentas que aparecen en su informe de crédito. El término tradeline se utiliza a menudo en el mercado de la hipoteca. Usted oirá a menudo los términos positivos o negativos tradelines. Una tradeline positiva se refiere a una cuenta que se ha mantenido favorablemente con los términos establecidos, mientras que una tradeline negativa se refiere a una cuenta que refleja atrasos en los pagos o que supera el balance límite.

**Transfer fees — Tarifas de transferencia**
Son los costos en que se incurre por la transferencia del título en una propiedad.

**Trustee — Fiduciario**
Es un síndico, individuo u organización que posee, administra e invierte recursos en beneficio de otros. El síndico está legalmente obligado a tomar todas las decisiones relacionadas con los intereses del beneficiario y puede ser responsable de los daños y perjuicios en caso de incumplimiento.

**Trust fund — Fondo fiduciario**
Son fondos fiduciarios que están a cargo de un custodio.

**Underwriter**
El funcionario que evalúa la solicitud de préstamo hipotecario diligentemente del prestatario para determinar su elegibilidad y capacidad de pago.

**Underwriting guidelines — Directrices de suscripción**
Son los reglamentos y guías que el funcionario o underwriter utiliza para realizar la evaluación de la solicitud de préstamo hipotecario.

**Waiver — Renuncia**
Es un documento en el cuál una persona dispensa, o renuncia a ciertos derechos que le son otorgados.

**Wire Transfer — Transferencia bancaria**
Transferencia electrónica de Fondos

# REFERENCIAS

https://www.hud.gov/

https://www.fhfa.gov/

https://www.fhfa.gov/PolicyProgramsResearch/Programs/AffordableHousing/Pages/default.aspx

https://www.freddiemac.com/

https://www.fanniemae.com/

https://homepath.fanniemae.com/

https://themortgagereports.com/

https://www.forbes.com/

https://dsnews.com

https://realestate.usnews.com/topics/series/realestate-buying

https://www.rocketmortgage.com

https://es.statefarm.com/simple-insights/residencia

https://www.justia.com/real-estate/home-ownership/real-estate-forms-50-state-resources/

https://money.com/mortgages

https://www.bankrate.com/real-estate/how-to-buy-a-house/

https://www.housingwire.com/real-estate/

https://www.wsj.com/news/realestate

https://www.findlaw.com/state/property-and-real-estate-laws.html

htpps://lendingtree.com/

https://consumidor.ftc.gov

https://www.homelight.com/blog/what-will-my-home-appraise-for/

https://www.redfin.com/news/homebuyer-income-afford-home-record-high/

https://www.bankrate.com/real-estate/is-the-housing-market-about-to-crash/

https://www.bobvila.com/articles/relocating-factors-to-consider/

https://www.bobvila.com/find-info#!how-to-s-quick-tips

https://www.mba.org/news-and-research

https://www.nahb.org/blog

https://www.realtor.com/news/

https://www.zillow.com/learn/renting-vs-buying-pros-and-cons/

https://www.corelogic.com/intelligence/us-home-price-insights-january-2024/

https://www.nerdwallet.com/

www.debt.com/es/

https://www.usa.gov/es/estafas-y-fraudes

www.nhfloan.org

https://www.nolo.com/legal-encyclopedia/buying-house

https://www.fhfa.gov/Homeownersbuyer

realestate.usnews.com

www.reallymoving.com

www.worthyinspections.com

https://www.houselogic.com/buy/how-to-buy-step-by-step/

https://www.geico.com/property-insurance/

https://handsonbanking.org

www.fdic.gov

www.pnc.com

https://www.newhomesource.com/

https://www.thebalancemoney.com/

https://www.pnc.com/es/personal-banking/borrowing/home-lending.html?lnksrc=explore

https://www.energystar.gov/newhomes/mortgage_lending_programs/energy_efficient_mortgages

https://es.statefarm.com/simple-insights/residencia/lo-que-revisa-un-inspector-de-vivienda-y-lo-que-no-esta-incluido

Made in United States
Cleveland, OH
05 November 2026

47645287R00147